Vorwort.

Während die juristische Literatur ihren Markt schon längst dem praktischen Bedürfniß geöffnet hat und alle Klassen der Staatsbürger mit Commentarien, Compilationen, Formularen u. s. w. in reicher Auswahl versieht, wendet sie sich noch immer in stiefmütterlicher Laune von demjenigen Publikum ab, welches doch ihre höchste Aufmerksamkeit zu verdienen scheint. Der wichtige Lebensabschnitt zwischen dem Ende der akademischen Studien und dem Anfange der juristischen Praxis, welcher im allgemeinen mit dem ersten Examen bezeichnet wird, ist bis jetzt ohne Wegweiser; es fehlt ein vorzüglich für das Bedürfniß der Examinationskandidaten bestimmtes Geistesprodukt.

Wer sollte auch zu diesem Zwecke schreiben, wer fühlt sich dazu berufen, wer achtet auf die durch diesen Mangel hervorgerufenen tiefen Seufzer des angehenden Praktikers? Am wenigsten der Professor, der mit der letzten Stunde des letzten Semesters den wohlausgerüsteten Candidaten der Gerichtsstube übergiebt, und kaum besser der Beamte, für welchen der im Examen brauchbar befundene junge College nur als eine hülfeleistende Arbeitskraft, selten als hülfesuchender Anfänger Interesse hat.

Der Verfasser des Buchs, von welchem hiermit das erste Stück erscheint, übt seit Jahren die Thätigkeit eines sogenannten Repetenten aus, d. h. er unterrichtet Studirende, welche die erste juristische Prüfung ablegen sollen, in denjenigen Rechtsmaterien, deren Kenntniß von ihnen verlangt wird. Sagen, wie er seinen Beruf auffaßt, heißt die Grundgedanken seines Buchs ausdrücken. Er sucht seine Aufgabe darin, zu zeigen, worauf die Jurisprudenz basirt ist; wie die ewigen Vorbilder des Juristenstandes, die römischen Meister, über ihren Beruf dachten; wie die Rechtswissenschaft mit dem Leben zu vereinigen ist; wie die ganze juristische Kunst sich in dem Einen koncentrirt: die mannigfachen Verwickelungen der socialen Verhältnisse mit unbefangenem sittlichen Blick zu beobachten und zu erfassen; wie es nicht die Massenhaftigkeit der Kenntnisse ist, was den Juristen macht, sondern das Festhalten an dem Rein-Menschlichen und das Handeln nach dem nur hierdurch zu bildenden juristischen Instinkt.

Des Verfassers Erfahrung hat ihn belehrt, daß es keine größere Thorheit giebt, als das Streben nach encyklopädischer Vielwisserei, bloß um durch das Examen zu kommen: ein Streben, das, von einer falschen Schätzung des Gedächtnisses ausgehend, nothwendig zu einem Radikalfehler der Candidaten führt, der heißt Confusion. Gegen sie giebt es nur ein Radikalmittel: die Sonderung des Stoffs von allen Bestandtheilen, die nicht zu seiner Erklärung durchaus nothwendig sind, sondern die Reflexion auf entlegene Gebiete lenken. Denn das Gedächtniß ist nur dann eine unschätzbare Kraft, wenn sich damit das Analysations-Vermögen verbindet, so daß der erste wohlbefestigte, begrenzte, aus seiner Entwickelung aufgebaute Begriff eine solide Staffel für jeden folgenden bildet, welcher neben ihm und durch ihn sich auszudehnen und zu vervielfältigen im Stande ist. Daher kann dem verhältnißmäßig unwissenden, aber über das wenige Gewußte völlig klaren Kopfe ein weit günstigeres Prognostikon gestellt werden, als dem zur Verwirrung geneigten Vielwisser, und gerechtfertigt ist das Gefühl des Examinators, welcher zu jenem das Vertrauen hegt, daß er seine Lücken ausfüllen und bis dahin mit den wenigen, aber klaren Vorstellungen sich praktisch nützlich machen werde, während ihm dieser wegen der Anlage zur Umkehrung aller Begriffe völlig unbrauchbar, ja selbst gefährlich erscheint.

Von diesen Gesichtspunkten ausgehend, hat das Buch eine doppelte Bestimmung: einmal soll es demjenigen Candidaten, welcher seine akademische Zeit zum Besuch der Vorlesungen, zur Ausarbeitung von Heften und zum Studium der Quellen nach Anleitung der Professoren auf dem Catheder und in den Compendien wirklich verwendet hat, die

Mittel bieten, vor dem Examen eine gewissenhafte Prüfung des Zustandes seiner Kenntnisse, eine ernste Rekapitulation des Erlernten vorzunehmen. Dann aber und vorzüglich hofft der Verfasser dem Bedürfnisse derjenigen entgegenzukommen, welche jenen bestimmungsmäßigen Gebrauch der Universitätsjahre verabsäumt und Angesichts der Prüfungsstunde nicht mehr die Muße haben, sich durch die Massen der Lehrbücher durchzuschlagen. Endlich mag auch mancher junge Praktikant sich des Buches zur Auffrischung verwischter Remiscenszen bedienen.

Vor allem hat der Verfasser nach Kürze Präcision und Klarheit gestrebt und, wenigstens absichtlich, nie den Grundsatz aus dem Auge gelassen, daß für Lernende Alles neu ist, Alles also erklärt werden muß. Ohne Rücksicht auf das, was man im Schulsinne System zu nennen pflegt, wonach eine gewisse Anzahl von Begriffen in einen gewissen Rahmen hineingezwängt werden muß, weil vor langen Jahren ein Gelehrter dieselben zusammengebracht hat, ist jedes selbstständige Institut einer Disziplin in seiner historischen Entwickelung dargestellt und auf seinen Zusammenhang mit dem nationalen oder natürlichen Bewußtsein basirt worden. Man wird die Aufzählung der unendlichen Consequenzen derselben einfachen, aus dem Leben natürlich aufkeimenden Erscheinung bei Gelegenheit einer jeden ihrer verschiedenen Formen, worin sich unsere ausführlichen Compendien zu gefallen pflegen, sehr häufig vermissen. Dagegen haben die Grundwahrheiten des Rechts, welche sich, in mannigfacher nationaler Färbung, bei jedem

Volke wiederfinden, und deren Annalyse die eigentliche Thätigkeit des Juristen ist, wohl überall einen Platz gefunden.

Die folgenden Bogen enthalten den gemeinen deutschen Civilprozeß. Der Grund, warum der Verfasser nicht mit dem Pandektenrecht begonnen hat, welches ihm doch die beste Gelegenheit zur Darlegung seiner Behandlungsweise geboten haben würde, ist ein rein äußerlicher. Die dem römischen Recht nicht angehörigen Materien sind es, bei welchen der Mangel eines koncisen Handbuchs sich am meisten fühlbar macht; der Rechtskandidat ist gleich den meisten Romanisten gewohnt, diese Materien, diese sogenannten deutschen Rechte als Nebensachen zu betrachten und diese Vorstellung wird unangenehm enttäuscht, wenn sich ihm bei dem Suchen nach Büchern dieselben Volumina darbieten, wie im römischen Recht. Daß sich in dem „deutschen Civilprozeß" eine ziemlich umfassende Darstellung des römischen Prozeßverfahrens findet, wird durch die Tendenz des Buchs und den Inhalt dieses Vorworts gerechtfertigt. Dagegen hat der Verfasser von dem ursprünglichen Plan, auf die dogmatischen Abweichungen des preußischen Verfahrens betreffenden Orts aufmerksam zu machen, um deshalb Abstand genommen, weil er eine Verbreitung seines Buchs über die preußischen Grenzen hofft und konsegenter Weise zu einer gleichen Berücksichtigung der Wünsche nicht preußischer Candidaten gezwungen gewesen wäre. Die Durchführung dieses Prinzips würde aber zu einem Repertorium der partikularrechtlichen Prozeßnormen geführt haben, wozu er sich nicht berufen fühlt.

Das deutsche Privat- mit dem Lehnrecht, das Kirchenrecht, das Criminalrecht mit dem Prozeß nnd das Staatsrecht erscheinen im Laufe dieses Semesters.

Berlin, im April 1852.

Der Verfasser.

Deutscher gemeiner Civilprozeß.

Einleitung.

Begriff und Quellen des gemeinen deutschen Civilprozesses.

§ 1.

Gegenstand des Civilprozesses und außergerichtliche Mittel, einen Rechtsstreit zu erledigen.

Den Gegenstand dieser Disziplin bilden Streitigkeiten über das Mein und Dein im Gegensatze des Criminalprozesses, welcher es mit dem Conflikt zwischen dem Individuum und der Staatsgesellschaft zu thun hat. Der Civilprozeß soll streitige Privatrechte feststellen, der Criminalprozeß das von dem Individium an dem Staat begangene Unrecht wieder aufheben.

Das natürliche Mittel zur Beseitigung einer Streitigkeit ist die Selbsthülfe, welche, nach dem deutschen Rechte in der Form des Fehderechts, wenigstens den Freien, vollkommen erlaubt, erst durch den allgemeinen und ewigen Landfrieden Maximilians I. 1495 abgeschafft wurde. Nach kanonischem und römischem Recht ist die Selbsthülfe unbedingt verboten. Eine Verfügung Marc Aurels — decretum diui Marci — bestrafte den Gläubiger, welcher seinen Schuldner ohne richterliche Hülfe zur Zahlung nöthigt, mit dem Verluste seines Rechts. l 13. D IV, 2 und wurde durch Zeno auf den Besitzer fremder Sachen ausgedehnt. l 10. C VIII, 4. l 34. C VI, 65, von dem kanonischen und Reichsrechte aber ausdrücklich bestätigt Cap. 18 in 6to 6, 34 KGO von 1521 XXXII, 2.

Unbedingt erlaubt ist dagegen das Vertheidigungsrecht, d. h. die Befugniß, Person und Eigenthum durch Vertheidigung und Angriff zu schützen, falls die Hülfe des Staats nicht ausreicht. l. 3 D. I, 1, l. 10 §. 16 D. XLII, 8.

Ohne gerichtliche Einmischung wird ferner ein Rechtsstreit geschlichtet durch rechtsgiltigen Verzicht, Verjährung, Vergleich und schiedsrichterliche Enscheidung.

§. 2.

Gerichtliche Mittel.

I. Begriff des Civilprozesses.

Das gerichtliche Mittel zur Beseitigung eines Streites um Privatrechte heißt Civilprozeß — processus iudiciarius, pr. civilis, ein Ausdruck, welcher von den Römern nie in diesem Sinne gebraucht wird, sondern durch das kanonische Recht und die Reichsgesetze eingeführt ist. Cap. 22 X 1, 3, KGO von 1500, Tit. 17. Der Begriff des Civilprozesses ist aus der Vorstellung zu entwickeln, daß derjenige, welcher sich über die Privatrechtsverletzung beschwert, die Anwendung des Gesetzes, welches für eine ganze Kategorie von Fällen gegeben ist, auf einen konkreten Fall verlangt. Diese Operation setzt ein rechtsverständiges Organ des Gesetzes voraus, welches zu untersuchen hat, ob die Prätension deß angeblich Verletzten begründet ist. Daher ist Prozeß der Inbegriff von legalen Handlungen zur Anwendung des Gesetzes auf einen bestimmten Fall.

II. Eintheilungen.

Der Prozeß ist Vertragsprozeß — processus conventionalis — wenn er auf vertragsmäßigen, oder gesetzlicher Prozeß — processus legalis — wenn er auf gesetzlichen Normen beruht. Der letztere zerfällt in den ordentlichen und summarischen Prozeß — processus ordinarius s solennis und processus summarius s minus solennis.

§. 3.

Quellen des Civilprozesses.

I. Römisches und kanonisches Recht.

Das Corpus iuris ciuilis enthält mit Ausnahme der auf die Gerichtsverfassung und das eigenthümliche römische Prozeßverfahren bezüglichen Stellen noch jetzt gültiges Prozeßrecht, noch wichtiger aber ist das Corpus juris canonici.

II. Reichsgesetze.

Eine für das ganze deutsche Reich bestimmte Civil-Prozeß-Ordnung ist nie gegeben worden, vielmehr wurde durch die K. G. O. von 1555 II. 31. §. 9. und andere Reichsgesetze nur bestimmt: daß bei den Untergerichten in den deutschen Territorien so viel wie möglich die Normen des kammergerichtlichen Prozesses befolgt werden sollten; diese müssen also als subsidiaire Vorschriften für den gemeinen Prozeß angesehen werden. Die wichtigsten Reichsprozeßgesetze sind:

1) die antiquirte Kammergerichts-Ordnung von 1471 von Friedrich III.;
2) die noch gültige Kammergerichts-Ordnung Maximilians I. von 1495;
3) die K. G. O. von 1548, erneuert 1555;
4) das Concept der K. G. O. von 1603, welches 1613 dem Reichstage vorgelegt, aber nicht bestätigt wurde;
5) der Deputationsabschied von 1609;
6) der jüngste Reichsabschied von 1654;

III. Bundesbeschlüsse.

Auf den Civil-Prozeß bezügliche Bestimmungen enthalten: Art. 12. der Bundesacte vom 8. Juni 1815 und Art. 1., 18. 2c. der Wiener Schlußacte vom 15. März 1820.

Allgemeiner Theil.

Gerichtsverfassung, allgemeine Bestandtheile und Grundsätze des Verfahrens in Civilsachen.

Erster Abschnitt.

Römische Gerichtsverfassung.

A. Aeltere bis Diokletian.

§. 4.

Jurisdictio und imperium.

Im alten Rom gab es keine Behörde, welche man mit unsern Gerichten vergleichen könnte, und die Rechtspflege bildete nicht den ausschließlichen Beruf eines bestimmten Magistrats. Die Jurisdiction — officium jus dicentis — hatten anfangs die Könige, hierauf die Konsuln, dann die Prätoren — praetor urbanus et peregrinus — nebst den Aedilen und Prätoren für besondere Streitsachen, endlich der princeps mit seinen Beamten. Der Magistrat hatte nicht die Funktionen unsers Richters, sondern er bildete das Organ des Gesetzes, insofern, als er dem Prozeß die Gestalt gab, in welcher er einem der konkreten Fälle glich, welche dem Gesetzgeber bei der Fassung des Getzes vorgeschwebt haben mochten, so daß der vom Magistrat ganz verschiedene Richter später nur aussprach, was das Gesetz haben wollte.

Nach römischen Glauben verwaltete jeder Beamte sein Amt nach dem Willen der Götter. Diesen zu erkunden dienten die Auspizien, d. h. Offenbarungen des göttlichen Willens. Der Akt der Abhaltung der Auspizien hieß spectio, wozu alle Magistrate berechtigt und verpflichtet waren. In alten Zeiten wurde ein Augur zugezogen, welcher die Auspizien interpretirte und zwar günstig — Nuntiatio — oder ungünstig Obnuntiatio Cic. de div. I. 2. II. 34. Magistrat und Augur waren sich gegenseitig so nothwendig, daß einer ohne den andern nicht agiren konnte. War die nuntiatio erfolgt, so konnte der Magistrat sie weiter geben, d. h. beispielsweise, durch die Erklärung, er habe ungünstige Auspizien gehabt, den Akt eines andern Magistrats hindern. Cic. philipp II. 32.

Die Auspizien zerfielen in maxima et minora und demgemäß die Magistrate in magistratus majores und minores. Jene waren die Konsuln, Prätoren und Censoren, sowie die außerordentlichen Magistrate, Diktatoren und Interreges, diese, die Aedilen, tribuni plebis, quaestores, tribuni militum etc. deren Handlungeu durch obnuntiatio der höhern Magistrate gehindert werden konnten.

Innerhalb einer jeden der beiden Kathegorien von Magistraten war die Obnuntiation zulässig zwischen Kollegen: der Konsul konnte dem Konsul und dem Prätor, der Prätor dem Prätor und dem Konsul obnuntiiren, nicht aber der Prätor dem Censor. Auch Tribunen hatten untereinander dies Mittel.

Das Recht der höheren Auspizien verlieh die lex curiata, wodurch dem Magistrat seine Gewalt bestätigt wurde: justum imperium auspiciumque domi et militiae, so daß den magistratus minores das imperium nicht zustand. Im imperium lag das jus decernendi verbunden mit den Zwangsmitteln, z. B. dictio multae, Auferlegung einer Geldbuße, pignus captum, Wegnahme einer Sache, Gefängniß und Leibesstrafen l. 2. D. II. 1., ferner die Befugniß vor Gericht zu laden, in jus vocare durch einen lictor und eine causae cognitio vorzunehmen. Das Verhältniß der juris dictio zum imperium geht aus den Arten des letztern hervor:

1) imperium merum, dieß stand in keinem Zusammenhang mit der Jurisdiction und bezeichnete namentlich die Kriminalgerichtsbarkeit l. 3. D. l. c.;
2) imperium mixtum, welches von dem Magistrat zum Zweck der Jurisdiction benutzt wurde, imperium quod juris dictioni cohaeret, l. 1. §. 1. D. I. 21., z. B. Auferlegung einer Kaution, missio in possessimem in integrum restitutio, Befugniß extra ordinem, d. h. mit Umgehung des Richters, zu untersuchen und zu entscheiden.

Die eigentliche Jurisdiction nebst dem imperium mixtum konnte einem Andern aufgetragen werden. l. 17. D. II. 1.

Weder im imperium noch in der Jurisdiction begründet sind endlich die Funktionen, welche einem Magistrat durch ein besonderes Gesetz übertragen wurden, z. B. die Bestellung eines tutors l. 1. pr. l. D. I. 21.

§. 5.

Judices.

Die altrömischen Richter waren keine Magistrate, sondern Privatpersonen, welche den Prozeß in der Gestalt übernahmen, die ihm der Pätor gegeben hatte, ohne ihm darum irgendwie subordinirt zu sein. Die römischen judicia waren entweder ständige Gerichtshöfe oder sie wurden für einen bestimmten Prozeß eigends formirt. Jene waren von jeher kollegialisch zusammengesetzt, diese konnten aus einzelnen Richtern bestehen.

Ständige Gerichtshöfe bildeten in der ältesten Zeit die pontifices, dann die decemviri litibus judicandis, daneben die centumviri. Von dem Centumviralgericht weiß man wenig. Wahrscheinlich gehörten vor dasselbe Prozesse über Eigenthum, und insbesondere Erbschaftsstreitigkeiten; es war in 4 consilia (hastae, judicia) eingetheilt, und die Zahl seiner Mitglieder wird sehr verschieden angegeben. Plinius (VI. 33.) spricht von 180. Gai IV. 16. Cic. de orat. I. 38. Richter für einzelne Sachen kamen namentlich vor in Fällen, welche ein sachkundiges Urtheil, technische Kenntnisse, Einsicht in kommerzielle Verhältnisse und Rücksicht auf Billigkeit erforderten. Sie hießen recuperatores, und waren ursprünglich kompetent in Prozessen zwischen Römern und Peregrinen und zwischeu letzteren.

Die Judices wurden in der ältesten Zeit aus dem Senat genommen. Unter August mußte der Magistrat eine Liste anfertigen — album judicum selectorum —, aus welcher die Richter für den einzelnen Fall gewählt wurden. In den Munizipien war das album decurionum zugleich das album judicum. In den Provinzen war die Verfassung verschieden, gewöhnlich wählte der Provinzialpräfekt die Richter aus dem conventus civium romanorum.

Was die Bezeichnung der Person des Richters für den einzelnen Prozeß betrifft, so galt dabei vor August ein verschiedenes Verfahren:

1) der Kläger schlug einen Richter vor, judicem ferre, der Gegner konnte den vorgeschlagenen ohne Gründe verwerfen mit den Worten: eiero, iniquus mihi est. Cic. de orat. II. 70. Geschah keine eieratio, so bestellte der Magistrat diesen Richter sumere judicem;
2) der Prätor proponirte eine Anzahl von Richtern und jede Partei konnte eine gewisse Zahl verwerfen, reiicere. Der Prätor konstituirte das Gericht aus den nicht Verworfenen. Cic. Verr. III. 11. 13. 60.

Unter August blieb nur das Recht der Parteien, die Richter

zu rekusiren, so daß der Magistrat immer eine Wahl aus den judices selecti treffen mußte.

Gegen Diokletian hin trat eine Konfusion der Begriffe von Magistrat und Richter ein, letztere hießen häufig pedanei l. 3. §. 1. D. II. 7. d. h. Richter, welche keine Magistrate waren.

B. Neuere seit Diokletian.

§. 6.

Ein uns nur im Auszuge bekanntes Gesetz dieses Kaisers l. 2, C. III. 3. hebt jede Trennung der Funktionen des Magistrats von der richterlichen (ordo judiciorum privatorum) auf, und bestimmte als allgemeine Regel das Verfahren extra ordinem §. 8. J. IV. 15. Die praesides sollten die untersuchenden und entscheidenden Behörden und nur bei überhäuften Geschäften befugt sein, sich der indices pedanei zu bedienen, was unter Julian auf alle geringfügige Sachen ausgedehnt wurde. l. 5. C. l. c.

Constantin theilte das Reich in 4 Präfekturen mit einem praefectus praetorio, welcher an der Spitze der Verwaltung stand: Oriens und Illyricum für den Orient, Galliae und Italia für den Occident. Nach der Aufhebung des weströmischen Reichs trat zu den beiden noch bestehenden für den Orient die dritte Präfektur Africa. Jede Präfektur zerfiel in viele Provinzen mit recfores provinciae, welche unter verschiedenen Titeln: proconsules, praesides, consulares, correctores, ordentliche Jurisdiction hatten. Die Präfekturen enthielten Diözesen, für deren jede ein vicarius angesetzt wurde, welcher den Präfekten in Abwesenheitsfällen vertrat.

Von nun an wird der Name magistratus ausschließlich von den selbstgewählten Beamten in den italischen und einigen andern Städten gebraucht, welche eine beschränke Jurisdiktion hatten. Für die nicht mit eigenen Magistraten versehenen Städte wurden defensores civitatis eingeführt.

Zweiter Abschnitt.

Aeltere geistliche und deutsche Gerichts-Verfassung.

§. 7.

A. Bis zur Errichtung des Reichskammergerichts.

Christliche Parteien pflegten schon in den ersten Zeiten des Christenthums durch Compromiß ihren Bischof zum Schiedsrichter zu wählen. Ein Gesetz Konstantins, welches jeder Partei gestattete, den Gegner auch wider dessen Willen vor den Bischof zu ziehen, wurde später wieder aufgehoben; Justinian bestimmte aber in der Nov. 79. Cap. 1. Nov 83. und 123. Cap. 21., daß der Bischof kompetent sein sollte, so oft der Beklagte ein Geistlicher sei. Heraclius ertheilte 632 der Geistlichkeit das Recht ihre Sentenzen zu vollstrecken. Diese durch Karl m. und Friedrich II. bestätigten Prärogativen wurden im Laufe der Zeit immer mehr ausgedehnt, so daß die Bischöfe sogar in allen auf die Religion irgend wie bezüglichen Sachen kompetent zu sein behaupteten. Cap. 3. und 10. X. de iud. II. 1.

Bei den Deutschen gab es in ältester Zeit zwei Arten von Richtern: das ganze Volk und Beamte, welche von jenen gewählt waren, magistratus, principes. Caesar de bello gall. 22. 23.

Nach der Völkerwauderung präsidirten die fränkischen Könige als oberste Richter, sowohl in den Volksversammlungen als in den Hofgerichten, unter ihnen stand der Gaugraf, Gravio, Comes, unter diesem Vikarien, Centenarien und der Sendbote, missus dominicus. In den ungebotenen Dingen fand das gesammte Volk, in den gebotenen ein Ausschuß derselben, die Schöffen, das Urtheil, welche durch Karl ein dauerndes Amt, Schöffenamt, erhielten.

§. 8.

B. Seit Errichtung des Reichskammergerichts und des Reichshofraths.

Nach dem Muster des Reichskammergerichtes, welches 1495 gleichzeitig mit einer Gerichts-Ordnung zu Stande kam, und welchem 1501 der Reichshofrath, ein zunächst nur für die österreichischen Erbländer bestimmter, durch den westphälischen Frieden aber als Reichsjustizkollegium anerkannter Gerichtshof folgte, wurden mit der Zeit die Obergerichte der Reichsstände eingerichtet.

Die genannten beiden Gerichtshöfe hatten in allen Streitigkeiten der Reichsstände konkurrirende Gerichtsbarkeit, sie bildeten die Oberaufsichtsbehörde über das ganze deutsche Justizwesen und waren, in Bezug auf diejenigen Länder, welche keine Befreiung (privilegium de non appellando) erlangt hatten, die höchsten Appellationsgerichte. Außerdem bestanden in Franken un Schwaben mehrere kaiserliche Laud- und Hofgerichte.

Mit dem deutschen Reichsverbande wurden 1806 alle kaiserliche Reichsgerichte aufgelöst. Nach der Bundesverfassung soll jeder Bundesstaat wenigstens ein Gericht dritter Instanz haben. Erreicht die Bevölkerung eines Bundesstaats nicht die Zahl von 300,000, so muß er sich mit einem andern zur Bildung eines gemeinschaftlichen obersten Gerichtshofs vereinigen. Die vier freien Städte sind berechtigt, über ein gemeinschaftliches oberstes Gericht übereinzukommen. Deutsche Bundes-Acte 12.

Dritter Abschnitt.

Heutige deutsche Gerichtsverfassung.

A. Gerichtsbarkeit.

§. 9.

Begriff und Eintheilungen.

Unter Gerichtsbarkeit ist der ganze Umfang der Funktionen unseres Richters zu verstehen. Diese Funktionen werden entweder von dem übereinstimmenden oder von dem streitenden Willen der Parteien in Anspruch genommen, woher die Eintheilung in jurisdictio voluntaria und contentiosa rührt.

Nach den Gründen für die Ausübung der Gerichtsbarkeit unterscheidet man:

A. Jurisdictio propria, welche von der Staatsgewalt selbst als öffentliches Amt verliehen ist. Sie ist

I. jurisdictio officialis s. administratoria, wenn sie Jemanden als öffentliches Amt zusteht, diese ist wieder:

1) jurisdictio ordinaria, wenn sie dem Berechtigten in allen in seinem Sprengel vorkommenden und nicht ausdrücklich ausgenommenen Sachen zusteht — jurisdictio generalis s. universalis, oder wenn sie auf eine Gattung von Sachen z. B. Handels-, Lehnssachen 2c., von Personen, wie die Kriegs- und Universitätsgerichte, oder auf bestimmte Oerter, z. B. Zaun- und Pfahlgerichte, eingeschränkt ist — jurisdictio particularis s. exemta;

2) jurisdictio delegata, wenn sie Jemanden von dem Regenten für einzelne Fälle oder über gewisse Personen oder Sachen überwiesen ist;

II. jurisdictio realis und patrimonialis, wenn sie von dem Staat als erbliches Recht einer gewissen Familie oder eines gewissen Guts verliehen ist.

B. Jurisdictio mandata, welche im Auftrage einer mit eigener Gerichtsbarkeit versehenen Person ausgeübt wird.

§. 10.

Delegirte, mandirte, Patrimonial-Gerichtsbarkeit.

Delegiren kann nur der Regent oder auf eine gewisse Zeit ein Obergericht. Der Delegirte, delegatus, commissarius, vicarius, erhält zu seiner Legitimation ein Auftragsschreiben, commissoriale, mit genauer Bestimmung der Grenzen seines Auftrags, und er gilt nicht als Mandatarius des Committenten, sondern übt seine Funktionen von Amtswegen aus. Tit. X. de officio et potestate iud. del. 1. I. 29.

Das mandare jurisdictionem, was nach älterem römischen Recht l. 5. D. I. 21. dem Magistrat in Bezug auf die eigentliche Jurisdiction willkürlich freistand, kann nach canonischem Recht auch der Delegirte. Cap. 3. 18. Cap. 28. X. l. c.

Der Mandatarius ist Stellvertreter des Mandanten und hat daher keine eigene Gerichtsbarkeit. Als eine Art mandirter richterlicher Befugniß ist die Actenversendung an eine Juristenfakultät oder einen Schöffenstuhl anzusehen, welcher auf Ersuchen eines Gerichts in dessen Namen ein Urtheil fällt. Die Actenversendung kommt gemeinrechtlich nur vor, wenn die Parteien es verlangen, bei der Revision und von den gemeinschaftlichen Ober-Appellationsgerichten (§. 8.). D. A. v. 1600. §. 16. J. R. A. §. 113.

Die Patrimonialgerichtsbarkeit ist ein gewöhnlich dingliches Privilegium gewisser Personen, namentlich der Standesherrn und Gutsbesitzer; nach modernen Grundsätzen kann sie nur im Namen des Staats von qualifizirten Beamten ausgeübt werden, entweder von dem Gutsherrn oder durch einen vom Staat zu bestätigenden Gerichtshalter, justitiarius, welcher dadurch Amtsgerichtsbarkeit erhält.

B. Gerichtsorganisation.

§. 11.

I. Kompetenz und Instanzenzug.

So wie Jurisdiction, Gerichtsbarkeit, objectiv den ganzen Inbegriff der richterlichen Befugnisse bezeichnet, so ist Kompetenz die Beziehung dieser Befugnisse auf einen bestimmten Fall und unter dem kompetenten Gericht dasjenige zu verstehen, welches denselben zu entscheiden befugt und verpflichtet ist.

Das Gericht kann von einer einzelnen Person oder von einer Mehrheit von Personen gebildet werden; im letzteren Falle heißt es Collegium und besteht aus einem Präsidenten oder Direktor und

Räthen oder Beisitzern, welche nach den Regeln von moralischen Personen behandelt werden müssen.

Unter Instanzenzug ist dasjenige subordinirte Verhältniß eines Gerichts zu einem andern zu verstehen, welches die Urtheile des untergeordneten Gerichts einer wiederholten Prüfung des höhern unterwirft, und Instanz heißt ein bestimmtes Gericht in Bezug auf dies Verhältniß.

§. 12.

II. Gerichtspersonal.

1) Hauptpersonen.

Dies sind der Richter und der Gerichtsschreiber. Die Fähigkeit — habilitas — des Richters wird bedingt durch folgende Eigenschaften:

1) gehörige Rechtskenntnisse,
2) ein gewisses Alter,
3) männliches Geschlecht,
4) körperliche und geistige Gesundheit,
5) Vollgenuß der bürgerlichen Reche,
6) christliche Konfession,
7) Mangel des aus naher Verwandtschaft mit den Parteien, eigener Berechtigung zu dem Streitobjecte und ähnlichen Umständen hervorgehenden Interesses an dem Prozesse.

Verdächtig heißt der Richter, zu welchem die Partei aus irgend einem Grunde kein Vertrauen hat. Werden die hierfür vorgebrachten Motive von dem höhern Richter gegründet befunden, so darf der rekusirte Richter für diesen Fall nicht fungiren. Sonst bedarf es eines Eides des Rekusanten juramentum perhorrescentiae.

Gerichtsschreiber, Aktuarius, heißt der Beamte, dessen Hauptfunktion die schriftliche Aufzeichnung aller gerichtlichen Akte bildet. Seine Zuziehung ist zur Beweiskraft dieser Akte absolut erforderlich, und ein von ihm unter dem Diktate des Richters aufgenommenes Protokoll gilt als öffentliche Urkunde.

2) Nebenpersonen.

a) Notarien (Pronotarien), Registratoren, Ingrossisten, Canzellisten, Copisten haben das Amt der Entwerfung und Ausfertigung der gerichtlichen Befehle, der Aufbewahrung der Akten und der Besorgung der Reinschriften.

b) Horcher, Auskultanten, Auditoren sind angehende Praktiker, die zu ihrer Ausbildung einem Gerichte beigegeben werden.

c) Pedelle, Gerichtsdiener, Gerichtsboten besorgen den Verkehr zwischen Gericht und Parteien durch Ueberbringung der gerichtlichen Befehle, Vollstreckung der Beschlüsse u. s. w.

C. Forum.

§. 13.

Begriff und Arten.

Forum oder Gerichtsstand heißt ein Gericht in Bezug auf seine Competenz für einen bestimmten Rechtsstreit, Gerichtsbezirk oder Gerichtszwang der geographische Raum, über welchen ein Gericht seine Thätigkeit ausüben darf.

1) Neben dem vom Gesetz den Staatsbürgern angewiesenen, daher gesetzlichen Gerichtsstand, forum legale, steht der von den Parteien konventionell bestimmte — forum conventionale s. prorogatum.
2) Der gesetzliche ist ein ordentlicher, wenn das Gericht erster Instanz angegangen werden muß, ein außerordentlicher, wenn ausnahmsweise der Unterrichter umgangen werden darf.
3) Forum generale bezeichnet den Gerichtsstand, vor welchen regelrecht alle in dem Gerichtssprengel vorfallenden Streitigkeiten gehören, im Gegensatz des forum speciale, für einzelne ausgenommene Streitfälle.
4) Forum commune ist der Gerichtsstand für alle nicht besonders ausgenommenen Personen oder Sachen des Bezirks, ihm gegenüber steht das forum privilegiatum ratione personarum oder causarum.

§. 14.

Gesetzliche Gerichtsstände.

1. Der ordentliche gemeine Gerichtsstand ist das Gericht, in dessen Sprengel man wohnt — forum domicilii.

Das Domizil ist entweder necessarium, wenn der Wohnsitz durch das Gesetz angewiesen ist, wie bei dem Staatsdiener und dem Sträfling, oder voluntarium, bei jedem, der sich irgendwo niederläßt, um dort zu wohnen.

In diesem allgemeinen Gerichtsstande können der Regel nach alle persönlichen und dinglichen Klagen angebracht werden.

Die Römer hatten noch eiuen andern gemeinen Gerichtsstand, forum originis, nach der Vorstellung, daß Rom communis patria sei, so daß jeder Bürger während seiner Anwesenheit in Rom, später auch in Konstantinopel, dort belangt werden konnte. Kinder folgten dem forum, wo der Vater, resp. (bei unehlichen) die Mutter zur Zeit der Geburt Bürgerrecht hatten. Nach deutschem Rechte haben Vagabunden, d. h. Menschen ohne bestimmten Wohnsitz, ihr forum bei dem Gerichte, wo sie sich finden lassen, sowie da, wo ihr Vater, resp. ihre Mutter, zur Geburtszeit gewohnt hat.

2. Besondere Gerichtsstände sind:

a) forum rei sitae, d. h. das Gericht, in dessen Sprengel sich das Streitobjekt befindet und wo deshalb alle dinglichen Klagen und Actiones in rem scriptae angebracht werden können;

b) forum contractus s. contractae obligationis, oder das Gericht, in dessen Bezirk ein Contrakt zur Perfektion gekommen ist, oder wo die Erfüllung eines anderwärts geschlossenen Vertrags nach dem Uebereinkommen der Contrahenten geleistet werden soll. Ob hier auch auf Aufhebung des Vertrags geklagt werden könne, ist kontrovers;

c) forum gestae administrationis, d. h. das Gericht, in dessen Bezirk öffentliche oder Privatgeschäfte geführt worden sind;

d) forum delicti commissi, d. h. vor dem Gericht, in dessen Bezirk eine verbrecherische oder verbrechenähnliche Handlung — quasi delictum — begangen worden ist, kann auf Entschädigung geklagt werden;

e) forum continentiae causarum. Wegen des innern Zusammenhanges mehrerer Sachen kann ein Gericht in sämmtlichen zusammenhängenden Sachen competent werden, obgleich diese Competenz für eine oder die andere Sache fehlt. Tit. D. de quibus rebus ad eundem iudicem eatur XI, 2.

Beispiele bieten das possessorium und petitorium, die Prozesse über die Rückgabe der dos und der Ehescheidungsprozeß, das Criminalverfahren über das Verbrechen und der daraus hergeleitete Civilanspruch. Die Praxis hat sogar den allgemeinen Grundsatz ausgebildet, daß der Richter für die Hauptsache auch über die damit verbundenen Nebensachen (for. contin. ex connexitate) erkennen soll;

f) forum reconventionis, der Richter, vor welchem eine Klage angebracht ist, wird dadurch auch für die Widerklage — reconventio — des Beklagten gegen diesen Kläger zuständig.

Das forum arresti, wonach der Richter um deshalb, weil er die Beschlagnahme eines Vermögensstückes des Schuldners ausgesprochen (Arrest angelegt) hat, auch in der Hauptsache über die Forderung kompetent sein soll, existirt nicht nach gemeinem Recht. RA. v. 1570 §. 84, v. 1594 §. 81.

§. 15.

Befreite Gerichtsstände.

Diese entstehen dadurch, daß gewisse Personen oder Gattungen von Prozessen eigenen, oft höheren Gerichten überwiesen, und dadurch von den Untergerichten befreit sind.

1) Forum privilegiatum ratione personarum. Dies haben in den deutschen Bundesstaaten die Gesandten, welche für ihre Person und ihr Vermögen die Gerichtsbarkeit des Staates, worin sie accreditirt sind, nicht anerkennen; ferner die Mitglieder der regierenden deutschen Häuser und die Mediatisirten, endlich die Staatsbeamten, Geistlichen, Soldaten, Gutsbesitzer u. A.
2) Forum priv. ratione causarum. Dies haben geistliche Sachen, wohin nach kanonischem Recht sowohl rein geistliche — causae mere ecclesiasticae — als gemischte — causae eccles. mixtae — gehören, Lehnssachen — causae feudales — und Sachen der Rittergüter.

§. 16.

Außerordentliche Gerichtsstände.

1) Forum miserabilium personarum. Wittwen, Waisen, dauernd kränklichen und anderen mitleidswerthen Personen stand, nach römischem Recht, die Befugniß zu, ihre Klagen gegen einen Gegner, dessen Macht sie zu fürchten hatten, unmittelbar bei dem consistorium principis vorzubringen. Tit. Cod quando imperator inter pupillos vel viduas et alias miserabiles personas cognoscat et ne exhibeantur III, 14. Dies Forum wird nach heutiger Praxis insofern angewandt, als die erwähnten Personen sich an dasjenige Gericht wenden dürfen, welches ihnen das bequemste ist.
2) Forum continentiae causarum ex identitate personali und ex identitate reali. Wird gegen mehrere Personen dasselbe Recht aus demselben Rechtsgrunde verfolgt, so können sie bei demjenigen Obergerichte belangt werden, welches über alle Beklagte competent ist, ebenso kann, wenn aus demselben Rechtsgrunde mehrere in verschiedenen Gerichtsbezirken belegene Objekte gegen denselben Beklagten gefordert werden, die Klage

bei dem nächsten gemeinschaftlichen Obergericht angebracht werden.

§. 17.

Gewillkürte und erweiterte Gerichtsstände.

Nach römischem Rechte konnten die Parteien durch freiwillige Unterwerfung unter einen, in Bezug auf sie sonst incompetenten, jedoch an sich qualifizirten Richter, dessen Competenz für einen bestimmten Rechtsstreit begründen; prorogare jurisdictionem l. 1, 2 §. 1 D V, 1 l. 2. 31 D XLII, 1. Da diese Unterwerfung auf einem Vertrage beruht, so kann keine Partei einseitig zurücktreten; der Richter, welcher kein ausländischer sein darf, braucht aber auf das Verlangen der Parteien nicht einzugehen.

Erweitert wird der gemeine und der befreite Gerichtsstand durch die gesetzliche Bestimmung, daß Ehefrauen dem Gerichtsstande des Mannes, Kinder dem der Eltern, das Gesinde dem der Herrschaft folgt.

§. 18.

Verhältniß verschiedener Gerichtsstände zu einander.

1) Der gewillkürte geht der Regel nach dem gesetzlichen vor.
2) Von den gesetzlichen schließen die befreiten alle andern aus.
3) Wo nicht gewisse Fälle als solche ausgezeichnet sind, bei welchen das for. rei sitae, gestae administrationis, connexitatis den ausschließlichen Vorrang hat, steht dem Kläger die Wahl zu zwischen dem allgemeinen und den übrigen Gerichtsständen des Beklagten.
4) Unter konkurrirenden Gerichten geht für den konkreten Fall dasjenige vor, welches seine Jurisdiction zuerst ausgeübt hat — Prävention. — Dieselbe wird dadurch begründet, daß das Gericht den Parteien oder einer derselben seine Zuständigkeit durch irgend einen offiziellen Akt, z. B. durch Vorladung des Verklagten, zu erkennen giebt. Die Wirkung der Prävention hört auf, wenn dieser Akt von beiden Parteien nicht beachtet wird — terminus circumductus —, wenn sie ausdrücklich auf die Zuständigkeit des Gerichts verzichten, oder wenn der Beklagte, ohne die Prävention geltend zu machen, vor einem andern Gericht sich einläßt.

Vierter Abschnitt.

Von den Parteien, Assistenten u. Vertretern.

A. Hauptpersonen.

§. 19.

Kläger und Beklagter.

Kläger, actor, ist derjenige, welcher den Richter anruft, um ihm zu einem Recht gegen einen dritten — reus, fugiens — Beklagter, zu verhelfen. Da der Kläger die angreifende, der Beklagte die abwehrende Partei ist, so kann nur der Beklagte verurtheilt werden, und seine Freisprechung ist die schlimmste Eventualität für den Kläger. Gai IV 116 sqq. l 2 pr. §. 2 D XLIV, 1.

Wenn auf beiden oder auf einer Parteiseite mehrere Individuen stehen, so ist ein Litisconsortium vorhanden. Nach römischem Recht kann jeder condominus an einer theilbaren Sache oder Forderung ohne Zuziehung der Uebrigen sein Recht verfolgen, und umgekehrt jeder einzelne von mehreren Mitverpflichteten eines theilbaren Objekts belangt werden; streitig ist, ob bei untheilbaren Objekten der Beklagte dem einzelnen Kläger die Einrede, daß sämmtliche Berechtigten klagen und sämmtliche Verpflichtete verklagt werden müßten, entgegen setzen kann. Const. unica Cod. Theod. II, 5.

§. 20.

Intervention. Litisdenunziation. Adcitation.

Die Theilnahme dritter, nicht zu den Litiskonsorten gehörigen Personen an einem Rechtsstreit, läßt sich auf verschiedene Weise erklären:

1) Der dritte hat ein Interesse an dem Ausgange des Streits, weil sein Recht von dem Siege einer Partei abhängig, oder weil er für den Fall des Unterliegens derselben ihr (z. B. als Bürge) verhaftet ist. Wenn der dritte Interessirte sich dieser Partei freiwillig anschließt, so ist eine aczessorische oder Neben-Intervention vorhanden. Die von der Praris angenommene Haupt-Intervention dagegen besteht in der Anstellung einer Klage Seitens eines Dritten, welcher das streitige Objekt für sich in Anspruch nimmt und daher gegen beide Parteien auftritt.

2) Eine der Parteien will für den Fall ihres Unterliegens sich an einen Dritten regressiren und zieht diesen zu dem Rechtsstreite zu, um ihm den Vorwand abzuschneiden, daß der Prozeß anders hätte ausfallen können. Der Akt, wodurch der Dritte von dem Streite benachrichtigt wird und wozu die Partei innerhalb der ersten Instanz des Prozesses verpflichtet ist, heißt Streitankündigung — litis denunciatio. l. 29 §. 3. D XXXII., l. 29 §. 2. D XXI, 2.

3) Adcitation heißt die Vorladung eines Dritten zu einem Rechtsstreit durch den Richter auf Verlangen einer Partei. Sie ist nach der Annahme einiger Praktiker, nicht aber gesetzlich, dem Richter als Amtssache zur Pflicht gemacht:
   a) wenn ein Mitberechtigter an einer untheilbaren Klage sich nicht betheiligen will und der Beklagte die Einrede mehrerer Litiskonsorten opponirt und wenn umgekehrt ein Beklagter seine Konsorten zugezogen wissen will.
   b) wenn dem Richter außer den aufgetretenen Parteien noch andere Interessenten aktenmäßig bekannt sind.

§. 21.

Fähigkeit zur Prozeßführung.

Im Allgemeinen kann Jeder, welcher veräußerungsfähig ist, auch Prozesse über sein eigenes Vermögen führen. Dies Recht heißt persona standi in judicio. Tit. cod. qui legitimam personam standi in judicio habeant vel non III, 6 und ist unbedingt entzogen Kindern, Taubstummen und Verstandeslosen, für welche deren gesetzliche Vertreter prozessiren müssen. Bedingt fehlt dies Recht Minderjährigen, Hauskindern, Frauenzimmern, Wahnsinnigen und Verschwendern.

Legitimatio ad causam heißt der Nachweis der Parteien, daß gerade sie und nicht Andere zur Verfolgung, resp. Vertheidigung eines Rechts berechtigt seien, in Bezug auf den Kläger heißt sie leg. ad caus. activa, auf den Beklagten passiva. Diese Legitimation, deren Mangel das ganze Verfahren annullirt, muß von Amtswegen geprüft werden.

§. 22.

Obligatorisches Verhältniß zwischen den Parteien.

Durch den Prozeß entsteht zwischen den Parteien ein obligatorisches Verhältniß mit dem allgemeinen Inhalt, daß keine etwas unternehmen darf, wodurch der andern ihre Rechtsverfolgung erschwert wird. l. 6. §. 4. C. II. 6. l. 2. D. XII. 5.

Aus der gleichen Stellung (Rechtsgleichheit) der Parteien vor dem Gesetze folgt, daß aller Schaden, den die Partei durch die Nothwendigkeit der Prozeßführung erleidet, von ihr getragen werden muß. Daher müssen Prozeßkosten, welche beide Parteien veranlaßt haben, von beiden, sonst von dem, der sie veranlaßt, vorgeschossen werden. Die Folge des Sieges im Prozesse äußert sich aber darin, daß dem Sieger seine Auslagen ersetzt werden müssen.

Nach römischem Recht waren manche Parteien, namentlich Arme, von den Gerichtssporteln befreit, Nov. 17, Cap. 3. Nov. 123, Cap. 28. Das deutsche Recht hat den Grundsatz, daß den Armen die Kosten bis zu bessern Vermögensumständen gestundet werden sollen C. G. O. v. 1555. I. 19. §. 5.

Zur Erfüllung der zwischen den Parteien bestehenden Obligation dient:

a) die Cautio de expensis, pro reconventione, de restituendo und de lite prosequenda, wodurch der Kläger dem Beklagten Sicherheit bestellt wegen der Prozeßkosten, wegen seiner Einlassung auf die Wiederklage, wegen Erstattung des im Executivprozesse erstrittenen Gegenstandes, falls ihm derselbe im ordentlichen Prozeß wieder abgesprochen werden sollte, und wegen Fortsetzung eines wiederholt angefangenen Rechtsstreits;

b) die Cautio de judicio sisti und judicatum solvi, wodurch der Beklagte dem Kläger sein Erscheinen vor Gericht zusichert, falls er seinen Wohnsitz verändert oder der Flucht verdächtig ist, und, wenn er sein Vermögen verschleudert, für die Leistung des Schuldigen Sicherheit bestellt.

Von dieser Kautionsbestellung, welche durch Bürgen, Pfand oder Deposition geschehen muß und nur äußersten Falls durch Eid geschehen kann, befreit der Eigenthumsbesitz von Grundstücken;

c) das juramentum calumniae, welches geleistet wird, um den Vorwurf einer chikanösen Prozeßführung zu beseitigen. Nach neuem römischen Recht mußte dieser Eid als juramentum calumniae generale mit Bezug auf den ganzen Prozeß gleich nach der Litiskontestation geschworen werden, l. 2. pr. C. II. 59. Das canonische Recht gestattet dem Richter außerdem ein juramentum malitiae bei jeder einzelnen Veranlassung zu fordern, tit. X. de juram. calum. II. 7. Cap. 2. §. 2. de juram. cal. in 6to II., 4. Nach heutiger Praxis kommt dieser Eid als ein jura. cal. speciale nur bei gewissen Parteihandlungen vor, welche den Verdacht der Chikane nahe legen, z. B. Gesuche um Fristbewilligung, Appellation, Revision 2c.

B. Nebenpersonen.

§. 23.

Advokaten.

Advokat, Rechtsfreund (advocatus, Patronus, causidicus), ist ein Rechtsgelehrter, welcher auf richterliche Bestellung oder in Folge eines Mandats der Partei, deren Rechte vor Gericht ausführt. Da die Advokaten nach heutiger Verfassung zu den Staatsdienern gehören, so können sie zur Annahme der Vertretung, falls die Sache keine ungerechte ist, gezwungen werden und haben alle Pflichten des Beamten. Sie haben dagegen ein Recht auf eine in den verschiedenen Partikularrechten fixirte Belohnung (Deservit) und dürfen statt derselben weder einen Theil des Streitobjekts vermöge eines pactum de quota eitis, noch neben derselben ein vor dem Urtheil ausbedungenes Honorar für den errungenen Sieg (palmarium, praemium victoriae) fordern, tit. D. de postulando III. 1. Cod. II. 6. tit. Cod. de advoc. divers. judic. II. 7. C. G. O. v. 1555. 1., 46. §. 1. Faktische Irrthümer des Advokaten kann die Partei innerhalb 3 Tagen widerrufen und läuft diese Frist von der mündlichen Verhandlung resp. der Uebergabe des Schriftsatzes, wenn die Partei anwesend war oder den Satz unterschrieben hat; sonst von dem Augenblick, wo sie von dem Vorbringen des Irrthums Kenntniß erhielt. Rechtsirrthümer verbessert der Richter.

§. 24.

Stellvertreter.

(siehe unten §. 62., 63.)

Anwalt heißt derjenige, welcher für eine Partei prozessualische Handlungen vornimmt; er unterscheidet sich vom Advokaten dadurch, daß er für diese Handlungen an die Stelle der Partei tritt, während der Advokat die Partei durch seine Rechtskunde unterstützt. Im ältern römischen Recht war eine solche Stellvertretung so wenig erlaubt, wie bei den Deutschen, das umgekehrte Prinzip gilt im neuern römischen Recht und im heutigen deutschen Prozeß.

Im strengen Sinn ist Anwalt, procurator, nur der, welcher die Partei auf Grund eines Auftrags vertritt. Der Ausdruck Syndikus wird für den Vertreter einer moralischen Person, actor für denjenigen gebraucht, welcher eine Partei vertritt, die nicht ihr eigenes Recht verfolgt, und defensor bezeichnet denjenigen, welcher freiwillig die Sache eines abwesenden Beklagten übernimmt. Gai IV. §. 82. sqq. l. 1. §. 1. l. 2. l. 6. §. 2. 3. D. III., 4.

Fähig zum Prokurator ist im Allgemeinen Jeder, welcher in abstracto und in concreto die persona standi in judicio hat, anderseits darf einen Prokurator Jeder bestellen, welcher zur Abschließung eines Vertrags fähig ist, und nach heutigem Recht darf sich auch jede Partei vertreten lassen, Cap. 1. de proc. in 6to. VI., 1. 19. l. 8. pr. D. III. 3., wenn gleich gewisse prozessualische Akte die persönliche Thätigkeit der Partei selbst erfordern, l. 12. §. 4. 5. C. IV. 1. Cap. 1. de jud. in 6to. VI. 2. 1. Die Bestellung des Prokurators kann ausdrücklich oder durch konkludente Handlungen geschehen.

§. 25.

Bestandtheile, Umfang und Arten der Vollmacht.

Jede über die Bevollmächtigung ausgestellte Urkunde (Vollmacht) muß enthalten:

a) Namen, Stand und Wohnort der Hauptpersonen und des Anwalts;
b) Gegenstand des Auftrages und falls der Vertreter vor dem Auftrage bereits fungirt hat, Ratihabition seiner Handlungen;
c) Angabe des Gerichts, wo der Prozeß schwebt;
d) clausula substituendi, Befugniß zum Substituiren oder clausula substitutionis, Bezeichnung eines bestimmten Substituten;
e) clausula heredum, Erklärung, daß die Bevollmächtigung auf des Machtgebers Erben übergehen soll;
f) Ort und Zeit der Ausstellung.

Procurator in rem suam heißt der Bevollmächtigte, wenn er sein eigenes Interesse verfolgen soll; procurator litis s. ad agendum, wenn er das Interresse des Vollmachtgebers (Konstituenten) wahrnehmen soll, procurator omnium rerum ist er, wenn er alle laufende und künftige, procurator unius rei, wenn er nur einen einzelnen Prozeß des Machtgebers führen soll. Trotz des Generalmandats bedarf er aber Spezial-Vollmacht in Fällen, wo es sich um Veräußerung von Sachen und Rechten handelt, z. B. zur Abschließung eines Vergleichs, Wahl eines Schiedsrichters, Erlaß eines Eides 2c., es müßte denn die Vollmacht ausdrücklich als unumschränkte gegeben sein, mandatum cum libera (potestate agendi), Cap. 4. de proc. in 6to. I., 19.

Procurator voluntarius war im ältern Rechte derjenige, welcher sich eines abwesenden Klägers ohne Auftrag annahm, was jedem gestattet war, wenn er der Gegenpartei Sicherheit stellte. Gai IV., 84. Nach neuerm Rechte konnte auch für den abwesenden Beklagten ein defensor auftreten. Außerdem haben gewisse in einem nahen Verhältniß zur Partei stehende Personen das gesetzliche Recht, ohne Vollmacht für sie zu handeln, wenn sie die Genehmigung derselben kaviren; dies sind: alle Verwandte in gerader Linie, die Geschwister, der Ehemann in Bezug auf die ihm anvertrauten Paraphernalien, die Verschwägerten, endlich alle Litiskonsorten.

§. 26.

Rechtliche Stellung des Anwalts.

I. Dem Konstituenten gegenüber ist der Anwalt Mandatarius und hat daher die Pflicht, Alles zu thun, was zur Erreichung des Zweckes der ertheilten Vollmacht nöthig ist, während der Konstituent ihn schadlos halten muß. Der Anwalt darf die Vollmacht nicht ohne Gründe aufheben, und der Konstituent kann eben so wenig nach der Litiskontestation einseitig zurücktreten, vielmehr gehört zur Aufhebung der Vollmacht mutuus consensus, oder der Tod eines der Kontrahenten.

II. Ueber das Verhältniß des Anwalts zu der Gegenpartei. (Siehe §. 63.)

III. Dem Gericht gegenüber steht der Anwalt unter dessen Kontrolle, und kann daher wegen Nachlässigkeiten in Disziplinarstrafen genommen werden. Versäumt er eine Frist, so wird die Partei nach römischem Recht in integrum restituirt, während sie wegen anderer Versehen nur eine Regreßklage gegen den Anwalt, oder, falls sie minderjährig war, zwar die Restitution, aber nur in subsidium, d. h. wenn der Vormund insolvent war, hatte. l. 7. pr. D. IV., 1. l. 3. §. 11. D. IV., 4. l. 26. §. 9. D. IV., l. 5. D. XI. II. 5.

Durch die Reichsgesetze wurde diese subsidiaire in eine unbedingte Restitution verwandelt und der Grundsatz aufgestellt, daß der Konstituent immer in integrum restituirt werden sollte. D. A. v. 1600 §. 95. Beschluß des R. K. G. v. 19. Mai 1786.

Der Regel nach muß jeder Vertreter einer Partei im Anfange des Prozesses den Nachweis führen, daß er zur Vertretung berechtigt ist. Dies ist die legitimatio ad processum, welche nicht nur die Gegenpartei, sondern der Richter ex officio zu fordern hat.

§. 27.

Notarien.

Diese Personen, welche vom Staat zur Aufnahme von Dokumenten, welche dadurch öffentlichen Glauben erhalten, autorisirt sind, kommen schon im römischen Staat unter dem Namen tabularii, tabelliones, cancellarii vor. Nach dem Muster derselben ernannten die Päbste und deutschen Kaiser Beamte für Handlungen der freiwilligen Gerichtsbarkeit, judices cartularii ordinarii.

Fünfter Abschnitt.

Prozessualische Thätigkeit des Gerichts und der Parteien im Allgemeinen.

A. Verschiedene Maximen des Verfahrens.

§. 28.

Nach dem Grundsatze nemo judex sine actore hängt die richterliche Einmischung in einen Streit über Privatrechte von der Aufforderung einer Partei ab. Const. unica. C. III., 7. Nov. LIII., c. 3. Nov. 112. c. 3. Cap. 19. X. de jud. III., 1. Ist diese Aufforderung einmal erfolgt, so kann man das Prinzip, welches dem Richter gebietet, von Amtswegen die Thätigkeit der Parteien so zu leiten, daß sie ihr Recht möglichst vollständig begründen — Untersuchungsmaxime — von demjenigen unterscheiden, wonach es den Parteien überlassen bleibt anzuführen, was ihnen zur Unterstützung ihrer Ansprüche gut dünkt, so daß der Richter auf den Inhalt dieser Anführungen beschränkt ist — Verhandlungsmaxime. — Durch den J. R. A. von 1654 wurde festgesetzt, daß jede Partei alle ihr zu Gebote stehenden Angriffs- und Vertheidigungsmittel kumulativ selbst dann anbringen müsse, wenn nur ein eventueller Gebrauch davon gemacht werden könne — Eventualmaxime. —

Während das gerichtliche Verfahren der alten Deutschen mündlich war, enthielt das canonische Recht mancherlei Bestimmungen über die schriftliche Abfassung der Prozeßhandlungen Cap. 11. und 15. X. de prob. II. 19. Cap. 1. X. de libelli obl. II. 3. und die K. G. O. von 1521 und 1555 geboten ganz allgemein die Schriftlichkeit. Das alte deutsche Gerichtsverfahren war durchaus öffentlich, so daß alle Staatsbürger zu der ganzen gerichtlichen Verhandlung Zutritt hatten, diese Oeffentlichkeit verschwand mit der Mündlichkeit.

B. Handlungen der Parteien.

I. Klagen.

§. 29.

Begriff und Arten.

Klage in weiterm Sinne heißt jedes gerichtliche Mittel zur Erhaltung und Verfolgung der Rechte. Im engern Sinne aber ist darunter nur dasjenige Angriffsmittel zu verstehen, wodurch die Verurtheilung eines Andern zu einer Leistung herbeigeführt werden soll. Die wichtigste Eintheilung der Klagen ist die: in dingliche und persönliche. Jene sind diejenigen, wodurch ein vom Staat garantirtes absolutes Recht verfolgt wird und sie gehen auf Anerkennung des Eigenthums oder eines Zustandes (status). Die persönlichen Klagen gehen auf Erfüllung einer Verbindlichkeit seitens einer dazu besonders obligirten Person.

Jeder Klage liegt eine historische Thatsache, wodurch das vom Kläger verfolgte Recht entstanden ist, zu Grunde, fundamentum agendi proximum. Diese muß immer angeführt werdeu, nicht aber bedarf es in allen Fällen der Nachweisung eines rechtlichen Grundsatzes, welcher jenem Recht zur Quelle dient, fundamentum agendi remotum, was vielmehr nur bei speziellen Gesetzen nothwendig ist.

§. 30.

Aufhebung der Klagen.

I. Diese tritt ein durch ein rechtskräftiges Urtheil und zur Strafe für versäumte Rechtsverfolgung, l. 6. 8. C. VIII., 26.

II. Der Tod der Parteien ändert in der Regel nichts an dem Zustande des Prozesses, sondern das Klagerecht geht sowohl auf die Erben des Klägers, translatio activa, als auf die des Beklagten, translatio passiva, über. Gai IV., 112—114. tit. Inst. IV., 12. Diese Regel wird modifizirt nicht nur durch den Umstand, daß bei Lebzeiten der Parteien eine Einlassung auf die Klage nicht erfolgt ist, sondern auch durch die Natur der Klage:

1) wenn keine Einlassung erfolgt ist, fällt die aktive und passive Translation weg bei den Popular- und einigen Pönal-Klagen, l. 7. §. 8. D. XLVII., 23. l. 12. pr. D. L., 16., sowie bei den sogenannten actiones vindictam spirantes, l. 6. 10. D. XLVII., 12. l. 20. §. 5. D. XXIX., 2.; die aktve allein fällt weg bei der querela inofficiosi testamenti und inofficiosae donationis, l. 6. §. 2. l. 7. D. V., 2. l. 1. C. III., 29.

Kein passiver Uebergang findet Statt bei allen Pönalklagen, l. 1. pr. D. XLVII., 1. l. 1. §. 23. D. XXVII., 3., bei den reipersekutorischen aus unerlaubten Handlungen, wenn die Erbschaft nicht reicht, K. G. O. von 1555. II., 9. §. 6. und bei den Klagen, deren Grund der Besitz des Beklagten ist, l. 52. 55. D. VI., 1.;

2) selbst wenn eine Einlassung auf die Klage erfolgt war, fällt die passive Translation weg bei Klagen auf eine Leistung, die von den persönlichen Eigenschaften des Verstorbenen bedingt war.

III. Im alten römischen Recht dauerten in der Regel alle Klagen ewig, actiones perpetuae, pr. J. IV., 12. Später wurde eine allgemeine Frist von 30 Jahren eingeführt, nach deren Ablauf, vorausgesetzt, daß die Anstellung der Klage möglich war, das zu verfolgende Recht verloren ging. Wurde die Verjährung durch Anstellung der Klage unterbrochen, so lief von der letzten gerichtlichen Handlung in der Sache an, eine neue Frist von 40 Jahren, l. 3. 7. §. 4. C. VII., 39. l. 1. C. VII., 40. l. 9. C. VII., 39. l. 6. D. XLIV., 7.

§. 31.

Klagenkonkurrenz.

Die Klagenkonkurrenz, concursus actionum, ist entweder eine subjective, wenn Einer gegen Mehrere oder Mehrere gegen Einen oder Mehrere gegen Mehrere klagen können, oder eine objective, wenn derselbe gegen denselben mehrere Klagen hat. Bei der subjectiven gilt die Regel, daß alle Klagen gleichzeitig oder successiv angestellt werden können; bei der objectiven ist zu unterscheiden:

1) wenn die verschiedenen Klagen auf verschiedenen Rechtsgründen beruhen, so ist eine eigentliche Konkurrenz gar nicht vorhanden, weil sie selbstständig neben oder nach einander angestellt werden können;

2) ist der Rechtsgrund bei allen Klagen derselbe, so konkurriren sie:

   a) successiv, wenn die eine Klage zu der andern in einem präjudiziellen oder präparatorischen Verhältniß steht, z. B. die actio ad exhibendum und die rei vindicatio, l. 23. §. 5. D. VI., 1. l. 3. §. 6. D. X., 4.;

   b) kumulativ, wenn die Klagen auf verschiedene Leistungen gerichtet sind und daher neben einander angestellt werden können;

   c) elektiv, wenn der Zweck der verschiedenen Klagen derselbe ist; hier muß der Kläger eine Wahl treffen, so daß wenn er mit der gewählten Klage gesiegt hat oder abgewiesen ist, die übrigen Klagen verloren gehen.

§ 32.

II. Einreden.

Nach justinianischem Recht ist exceptio im weitern Sinne jede zur Vertheidigung dienliche Anführung einer Partei, im engern Sinne aber eine solche Schutzbehauptung, wodurch der Beklagte, obgleich er die Anführungen des Klägers nicht bestreitet, selbstständige Gründe aufstellt, mit welchen das Verlangen des Klägers nicht bestehen kann. Durch die Einrede übernimmt der Beklagte die Rolle eines Klägers: in exceptione reus actor est. l 1 D XLV, 1 l 19 pr D. XXII, 3. Mehrere selbst sich widersprechende Einreden können wegen der Eventualmaxime kumulativ angebracht werden l 43 pr D L 17. Dagegen kann Niemand Exceptionen aus dem Rechte eines Dritten — exceptio de jure tertii — herleiten.

Die Einreden betreffen entweder die Sache selbst — merita causae — oder nur das Verfahren in derselben, sie bezwecken entweder völlige Zerstörung des Klagerechts — exceptiones peremtoriae — oder nur Verschiebung desselben — exceptiones dilatoriae — endlich lassen sich dingliche — exceptiones in rem — welche für und gegen alle Interessenten gegeben sind, von den persönlichen — exceptiones in personam — unterscheiden, welche auf das Individuum der Partei beschränkt sind l 21 § 5 D II 14 l 4 §. 33 D XLIV 4.

C. Handlungen des Gerichts.

§ 33.

a. Güte- oder Sühneversuch und Prozeßdirection.

Nach einer Vorschrift des J. R. A. §. 110 soll der Richter erster Instanz vom Anfang an und in jeder Lage des Prozesses den Versuch machen, die Parteien in Güte aus einander zu setzen und diejenige Partei, deren Sache offenbar ungerecht ist, gar nicht zulassen. Doch darf der Richter keine Partei zum Vergleich zwingen.

Unter Prozeßdirection ist die auf zweckmäßige und legale Führung des Prozesses abzielende Thätigkeit des Richters zu verstehen. Sie enthält namentlich die Pflicht, jede Parteihandlung nach Form und Inhalt zu prüfen und die Parteien zur Verbesserung von Mängeln aufzufordern.

§. 34.

b. Dekrete.

Alle Aeußerungen der richterlichen Thätigkeit heißen im Allgemeinen Bescheide — Decreta — Tit. D XLII, I. Cod. VII, 43, 46, 50 Tit. X II, 27. Sie sind:

1) prozeßleitende — interlocutiones merae, — d. h. solche, welche nur dazu dienen, dem Prozeß seinen legalen Fortgang zu geben, ohne einen Streitpunkt zu entscheiden. Man unterscheidet:
   a) Ladungen — citationes.
   b) decreta notificatoria, wodurch die Partei mit einem sie interessirenden factum bekannt gemacht wird;
   c) decreta communicatoria, mittelst welcher der Partei ein Schriftstück zugestellt wird.
   d) decreta arctatoria, wodurch die Partei zu einer Thätigkeit veranlaßt wird.
   e) decreta monitoria, wodurch ihr eine Thätigkeit anheimgestellt wird.
2) entscheidende, wodurch die Hauptsache oder ein Nebenpunkt entschieden wird — Sententia definitiva, sententia interlocutoria.
3) gemischte — interloc. mixtae.

§. 35.

c. Form und Wirkung der Dekrete.

Zu jeder Verfügung gehört: 1) der Eingang — rubrum — welcher die Namen der Parteien, die Parteirolle, die Bezeichnung des Streitobjekts und die Veranlassung des Bescheides enthalten muß; 2) der Inhalt — nigrum — wodurch die Partei in ausführlicher Weise von dem was das Gericht anordnet, in Kenntniß gesetzt wird. Daher muß ein entscheidendes Dekret eine bestimmte Verurtheilung oder Freisprechung, ein Dekret, welches auf einen Eid erkennt, eine bestimmte Erklärung der Folgen der Ableistung oder Nichtableistung desselben enthalten l 27 D X, 2 l 11 C VII. 45. Die Mittheilung der Motive der Entscheidung — rationes decernendi — ist nicht überall nothwendig l 6 D XLIX, 5.

Die Bekanntmachung bloßer Bescheide geschieht durch Insinuation, d. h. Mittheilung des schriftlichen Dekrets an die Partei. Urtheile aber werden den anwesenden Parteien vorgelesen (publicirt).

Mit dem Augenblicke der Bekanntmachung an die Partei beginnt die Wirkung der Dekrete. Diese Wirkung ist verschieden:

1) prozeßleitende Dekrete können von dem Gericht zu jeder Zeit abgeändert werden.
2) entscheidende Dekrete führen die Wirkung mit sich, daß die entschiedene Sache als beurtheilte — res judicata — von dem Richter welcher entschieden hat, nicht mehr abgeändert werden darf auctoritas rei judicatae l 3 C VIII, 46. l 14 D XLII, 1. Doch giebt es einige Ausnahmen l 42 l. c. l 1 D XLIX, 1 und durch Berufung auf einen höhern Richter ist in der Regel jedes Urtheil zu reformiren. Wenn dies gar nicht oder aus irgend einem Grunde nicht wirksam geschehen kann, so liegt ein rechtkräftiges Urtheil — sententia indubitata, quae nullo remedio attentari potest, — vor. l 23 §. 1 D XII, 6. An ein rechtskräftiges Urtheil sind die Parteien und deren Rechtsnachfolger für immer gebunden, weil es für sie formelles Recht bildet, res judicata pro veritate accipitur l 25 D I, 5.

§. 36.

d. Gerichtsort und Zeitbestimmungen.

1) Der Ort, an welchem der Richter, wenn er nur sich auf seinen Sprengel beschränkt, eine Handlung vornimmt, ist gleichgültig l 4 D XI, 1.
2) Die Bestimmungen über die Zeit, in welcher eine Prozeßhandlung vorgenommen werden kann, gehen entweder vom Gesetz oder vom Richter aus.
   a) die gesetzlichen oder Ordnungsfristen während deren ganzen Verlaufs die Handlung vorgenommen werden kann, weshalb sie eigentliche Fristen genannt werden, sind:
      α) Nothfristen, wenn sie die wirksame Vornahme einer Handlung bedingen, ohne daß ein richterliches Dekret ergangen ist, z. B. die Frist zur Einlegung der Appellation l 1 § 5 D XLIX, 4.
      β) zerstörliche Fristen — dilationes peremtoriae tempus fatale, dies fatalis, — welche erst in Folge eines Dekrets laufen, und vom Richter, wenn er vor ihrem Ablaufe angerufen wird, verlängert werden können.
      γ) verzögerliche Fristen — dilat. dilatoriae, welche der Richter erst nach ihrem Ablauf verlängern kann, z. B. die Frist zur Herbeischaffung einer Urkunde oder eines Zeugen. l 1 C III, 11.

b. Die richterlichen Fristen welche eigentliche Fristen oder Tagefahrten — termini — d. h. Vorladungen zu einem bestimmten Tage sein können, sind entweder zerstörlich oder verzögerlich.

Durch Uebereinkunft der Parteien kann jede Frist verlängert werden, wenn nicht der Richter aus Gründen seine Zustimmnng verweigert.

Alle Fristen gelten im Zweifel für verzögerliche, bei Nothfristen wird nach der natürlichen, bei allen andern nach der civilen Computation gerechnet Nov. 23. Cap. 1. K. G. O. von 1555 II 30 §. 4 der Lauf der gerichtlichen und derjenigen gesetzlichen Fristen, die durch ein Dekret bedingt sind, beginnt erst am Tage nach der Insinuation. Eine Verlängerung des Termins muß mit Einwilligung des Gegners immer, sonst nur aus Gründen bewilligt werden.

§. 37.

e. Folgen des Ungehorsams gegen Dekrete.

Jede Nichtbefolgung einer gerichtlichen Anordnung heißt Ungehorsam — contumacia — und führt Nachtheile mit sich, welche in den Gesetzen, als Privatstrafe betrachtet werden 1 12 §. 1. C III, 1 K. G. O. von 1555 II. 41 §. 1 uud mit der Extinktivverjährung nichts gemein haben. Diese Strafen bestehen bei arktatorisch-dilatorischen Dekreten in der Verpflichtung zum Kostenersatz — poena contumaciae generalis — bei peremtorischen darin, daß die befohlene Handlung als geschehen oder unterlassen gedacht wird, wie es dem Ungehorsamen am Nachtheiligsten ist — poena contumaciae specialis.

Diese Strafen setzen aber Verpflichtung zur Vornahme der befohlenen Handlung, legale Aufforderung und culpa, außerdem aber auch Androhung derselben voraus, sowie, daß der Gegner nicht selbst ungehorsam ist. So lange derselbe den Ungehorsamen nicht beschuldigt hat, kann dieser das Versäumte nachholen — purgatio contumaciae.

§. 38.

Obligatorisches Verhältniß der Gerichte gegen die Parteien.

Der Richter macht sich durch Pflichtverletzungen zugleich dem Staate und dem Publikum verantwortltch. Hat er aus dolus oder culpa lata gefehlt, so findet gegen ihn die actio ex syndicatu, male judicati, actio contra judicem qui litem suam facit Statt l. 15 §. 1 D V., 1. Er haftet aber auch für geringes Versehen pr. J. IV, 5 und zwar nicht nur subsidiarisch, sondern so, daß er direkt und unmittelbar belangt werden kann.

Ueber verweigerte oder verzögerte Rechtspflege können die Parteien nach Ablauf eines Monats bei dem vorgesetzten Richter, und, wenn dieser der höchste ist, beim Regenten Beschwerde führen mit der querela de protracta vel denegata justitia l 13 §. 18 C III, 1 K. G. O. von 1495 §. 12 von 1555 Th. 2 Tit. 1 §. 2. Hierauf erläßt der obere Richter unter Strafandrohung Beförderungsschreiben promotoriales, mandata de administranda justitia.

Besonderer Theil.

Das Prozeß-Verfahren.

Einleitung.

Die römischen Prozeduren.

§. 39.

Ordo judiciorum privatorum.

Das prozessualische Verfahren war im alten Rom so geordnet, daß einerseits der Magistrat die Anwendung des Rechts auf den konkreten Fall vermittelte, anderseits der Richter das Recht für diesen Fall, so wie ihn der Magistrat geformt hatte, wirklich anwendete; dieß war der ordo judiciorum privatorum, welcher die Scheidung des Verfahrens in jure, d. h. vor dem Magistrate, von dem Verfahren in judicio, d. h. vor dem Richter, voraussetzte. Das Verfahren in jure bestand in dem Austausch feierlicher vom Gesetz vorgeschriebener Worte — jus dicebatur verbis solennibus, — die im Munde des Magistrats das jus dicere, in dem der Parteien das lege agere, — Benehmen nach dem Gesetze — ausmachten. Der mögliche Inhalt der Sprüche des Magistrats wird bezeichnet durch die Worte: do, dico, addico.

Das Verfahren, bei welchem diese Scheidung nicht vorkam, sondern der Magistrat den Prozeß ohne Zuziehung des Richters zu Ende führte, hieß cognitio extra ordinem.

§. 40.

Ort und Zeit des Verfahrens.

1) In Bezug auf den Ort wurden zwei Klassen von Handlungen unterschieden:
   a) pro tribunali, oder auf dem forum, wo die sella curulis stand und der Beirath des Magistrats (Assessoren, Richter) sich versammelte, hier geschah ursprünglich alle Jurisdiktion.

b) de plano für minder feierliche Angelegenheiten, wobei es des Consiliums nicht bedurfte, z. B. mündliche Anliegen, Beschwerden ꝛc.

2) Nach den zwölf Tafeln war die Zeit des Verfahrens der Vormittag, so daß der, welcher bis Mittag nicht erschien, nicht mehr gehört wurde. Mit Sonnenuntergang mußten die Verhandlungen geschlossen sein; doch konnte nach der lex Plaetoria der Prätor eine andere Schlußzeit ankündigen.

Dies nefasti waren Tage, an denen keine legis actio vorgenommen werden durfte, ihrer waren etwa 60, dies fasti waren ungefähr 40, dazu traten gegen 160 dies comitiales für Volksversammlungen, die weder an dies fasti noch nefasti abgehalten werden durften; doch konnte der Magistrat diese Tage, wenn keine Volksversammlungen gehalten wurden, zur Jurisdiktion benutzen. Dies festi hießen diejenigen Tage, auf welche religiöse Feste — sacrificia, epulae, ludi, feriae fielen, im Gegensatz der dies profesti.

Jn judicio durfte auch an dies nefasti verhandelt werden.

Die judices selecti (§. 5.) mußten zu gewissen Zeiten in Rom anwesend sein — actus rerum — im Frühjahr und Herbste waren Ferien, die mit der Zeit wegfielen, so daß Ende des ersten Jahrhunderts nach Christo nur die Festtage Ferien waren. Marc Aurel setzte für alle Verhandlungen (in jure und in judicio) unter Zusammenrechnung der dies comitiales und fasti 230 Tage — dies judiciarii — fest. Suet. Claud. 23.

Judicia, welche der Magistrat aus eigener Macht gewährte, judicia quae imperio continentur, erloschen mit Ablauf des Amts. Hierhin gehörten alle außerhalb Roms und seiner nächsten Umgebung (extra primum urbis miliarium) bestellten, dann die rekuperatorischen und alle, wobei eine Partei Peregrine war.

Die Dauer aller judicia dagegen, welche durch eine lex angeordnet waren — judicia quae legitimo jure consistunt — war unabhängig von dem Amt des Magistrats, doch schrieb die lex julia iudiciaria vor: daß das legitimum iudicium in 1½ Jahren erlöschen sollte. Gai IV 103—109.

§. 41.

Partes.

1. Hauptpersonen.

Die Parteien konnten ihre Anträge in jure und judicio theils selbst, theils durch andere stellen — Orare, postulare l 1

§. 2. D. III. 1. Gänzlich untersagt war das Postuliren nur Personen unter 17 Jahren und Tauben, nur für Andere postuliren durften Weiber und Blinde.

2. Nebenpersonen.

a) Advocati erschienen mit der Partei der sie durch Rath und Autorität beistanden, ohne in die Verhandlungen einzugreifen.
b) Oratores s. patroni stellten Anträge und plädirten in judicio.

Dieser Unterschied verschwand. Die Jurisconsulti traten nicht mehr vor Gericht, sondern ertheilten schriftliche reponsa. Der Patron durfte nach der lex Cincia vom Jahre 550 keine Belohnung nehmen, in der Kaiserzeit wurde dies Gesetz aufgehoben, doch passirten für einen einzelnen Prozeß höchstens 10,000 Sesterzien Liv. XXX IV, 4.

Ueber die Stellvertretung siehe §. 62, 63.

§ 42.

Einleitung des Prozesses.

Beide Partheien mußten in jure anwesend sein; die Ladung des Beklagten geschah außergerichtlich — in jus vocatio. — Gewisse Personen durften gar nicht, andere nicht ohne Erlaubniß des Prätors geladen werden. tit. D de in jus vocando II, 4.

Weigerte sich der Beklagte, in dessen Wohnung der Kläger nicht gehen durfte, so zog dieser Zeugen zu; wurde die Weigerung fortgesetzt, so konnte der Kläger Hand an den Beklagten legen, — manus iniectio. — War kein Zeuge zur Haud, so erließ der Kläger vor der Wohnnng des Beklagten eine öffentliche Aufforderung — vagulatio. — Doch konnte der Beklagte sich von der Pflicht, der Ladung Folge zu leisten, durch Stellung eines vindex befreien, welcher für ihn den Prozeß übernahm, Gell. XVI, 10. Der Prätor hatte andere Grundsätze, er substituirte der manus iniectio die Klage auf eine Geldstrafe Gai IV 46 und dem vindex die cautio judicio sisti.

Vor dem Magistrate bezeichnete der Kläger zunächst die Klage, welche er anstellen wollte, — edere actionem — tit. D de edendo II 13. Hierauf verabredeten die Parteien einen neuen Termin, zu dem jede bei Strafe zu erscheinen versprach, vadimonium. — Der erste Termin fiel schon frühzeitig weg, man zog es vor, sofort das vadimonium zu schließen zum Zwecke eines Termins zur wirklichen Verhandlung.

Ließ sich der Beklagte gar nicht treffen, und fand sich auch keiner, der für ihn die Klage übernahm — idoneus defensor — so war er indefensus, und wurde gleich dem, der der Ladung nicht folgte oder das vadimonium brach, als Verurtheilter behandelt.

Gegen ihn war nach Civilrecht die manus iniectio zulässig, während der Prätor die missio in bona ertheilte l 2 pr. l 7 D XLII., 4.

A. Verhandlungen in jure.

I. Legis actiones.

Gai IV 11—31.

§. 43.

Sacramentum.

Legis actiones waren feierliche durch eine lex vorgeschriebene Handlungen, welche mit Ausnahme der pignoris capio in jure vorgenommen werden mußten. Die Funktionen des Magistrats in dem Verhandlungstermine bestanden nämlich darin, daß er nach Anhörung des Beklagten den Angriff und die Vertheidigung in eine bestimmte Form brachte, welche im ältesten Recht aus solennen ausgesprochenen Worten bestand. Legis actiones in dem strengen Sinne, daß dadurch der Prozeß eine eigenthümliche Form erhielt, waren nach Gaius fünf:

a. legis actio sacramento.

Diese war in allen Prozessen anwendbar und hatte ihren Namen von einer Strafe des Unterliegenden, welche beide Parteien am heiligen Orte — in sacro — niederlegten. Der Betrag der Strafe richtete sich nach dem Werthe des Streitobjekts; überstieg dieses die Summe von 1000 as, so war die Strafe 500 as, sonst 50. Der Prozeß hatte die Natur eines Streits um die Straffumme oder einer Wette, welche der unterliegende Theil an das aerarium verlor, der Sieger aber zurück erhielt — Sacramento contendere. — Im spätern Recht begnügte sich der Prätor mit Bürgen für die Zahlung — praedes. —

Der Streit begann mit der Aufforderung zur Niederlegung der Wettsumme von beiden Seiten. D aeris sacramento te provoco — similiter ego te, zugleich wurde das Recht, um das es sich handelte, mit den Worten des Gesetzes, woraus es hergeleitet war, ausgesprochen. Alsdann kam die Sache an das Dezemviralgericht; nach der lex Pinaria konnte auch ein Einzelrichter erbeten werden.

§. 44.

Vindicatio.

So oft es sich um Eigenthum handelte, gehörte zu den Verhandlungen in jure auch die vindicatio und das in jure manum conserere, welche die Gegenwart der Streitsache oder eines Stückes derselben verlangten. Vindicare war so viel als vim dicere und bezog sich auf die auszusprechenden angreifenden Worte; manum conserere dagegen bedeutete das körperliche Verhalten der Parteien. Der Kläger faßte nämlich mit einem Stabe — festuca oder vindicta — in den Händen, die streitige Sache an und sagte: hunc hominem ex jure quiritium meum esse aio secundum suam causam, sicut dixi, ecce tibi vindictam imposui. Secundum suam causam kam wahrscheinlich nur bei Menschen vor, weil ein solcher aus verschiedenen Gründen vindizirt werden konnte. Der Verklagte that und sprach dasselbe — contravindicare. — Nun sagte der Prätor: mittito ambo hominem d. h. es handelte sich nun nicht mehr um das Haben, sondern um das Recht dazu. Nach altem Recht ging der Prätor bei dem Streit um ein Grundstück mit den Parteien auf dasselbe hin Gell XX, 10, später wurde eine Scholle vor Gericht gebracht. Vor dem Prätor sagte der Kläger: fundum qui est in agro qui sabinus vocatur, ego ex jure quiritium meum esse aio, inde tibi ego ex iure manum consertum voco. Der Beklagte sagte: unde tu me ex jure manum consertum vocasti, inde ibi ego te revoco. Dann der Prätor: jus utrisque superstitibus praesentibus vindicias sumite, inite viam. Da in späterer Zeit die Parteien schon vorher bei dem Grundstück gewesen waren, so konnte der Prätor sofort sagen: redite viam und nun wurde über die Scholle vindizirt, Cic pro Mur 12 vindiciae bedeutete die Scholle; die mit dem vindicias sumere verbundene deductio bestand darin, daß die eine Partei die andere durch eine scheinbare Dejektion aus dem Besitz setzte und dadurch der Beklagte wurde. Der Vindication folgte unmittelbar die Bestellung des Sakraments. Hier fragte der Kläger: postulo, anne dicas qua ex causa vindicaveris und der Beklagte antwortete: jus peregi sicut vindictam imposui. Nun sagte der Kläger: quando tu iniuria vindicavisti D aeris sacramento te provoco und der Beklagte: similiter ego te. Zum Schluß entschied der Prätor, wem während des Prozesses der Besitz zustehen sollte, secundum alterum eorum vindicias dicebat. Der in den Besitz Gewiesene mußte dem Andern praedes litis et vindiciarum d. h. Bürgen dafür stellen, daß er die Sache — lis — und die Nutzungen derselben — vindiciae — für den Fall seines Unterliegens herausgegeben werde.

§. 45.

Die übrigen legis actiones.

b. legis actio per judicis postulationem.

Das Charakteristische dieser legis actio bestand in der Art, wie das Gericht gebildet wurde. Jede Partei sagte zum Prätor: judicem arbitrumve postulo, uti des mit Benennung eines bestimmten Richters. Sie wurde wahrscheinlich durch das Bedürfniß der Parteien hervorgerufen, ihren Rechtsstreit nicht in den Händen eines ständigen Gerichtshofs, sondern von Richtern zu wissen, zu deren Sachkenntniß und unbefangener Urtheilskraft sie Vertrauen haben konnten. Schon die zwölf Tafeln verweisen Grenzstreitigkeiten an 3 arbitri, bei deren Bestellung die Parteien mitwirkten, desgleichen die Klage des früheren Mündels gegen den frühern Tutor Cic de leg I 21 de off III 15. Ueberhaupt aber gehörten dahin alle Sachen, bei welchen eine Abweichung vom starren Buchstaben des Gesetzes durch Sitte und Gefühl geboten war, also bei Geschäften mit der Klausel ut inter bonos bene agier oportet et sine fraudatione oder quod aequius melius oder ex fide bona. Diese Fälle hießen arbitria Cic l c 15—17. Den dritten Richter fügte der Prätor hinzu.

c. Legis actio per Condictionem.

An der eigentlichen Nothwendigkeit dieser legis actio zweifelte schon Gaius, indem er meint, die l. a. per sacramentum und per judicis postul. hätte genügt. Sie bestand in einer Verabredung mit dem Gegner, daß er sich am 30sten Tage ad judicem capiendum einfinden solle, und war eingeführt durch lex Silia für eine bestimmte Geldsumme certa pecunia, durch eine lex Calpurnia für jede res certa.

§. 46.

d. legis actio per manus iniectionem.

Diese ist eine Ergänzung der übrigen legis actiones und war nach den zwölf Tafeln in folgenden Fällen gestattet:

1) gegen einen Verurtheilten oder diesem Gleich gestellten judicatus oder pro judicato Geltenden (cf §. 42, 61.)
2) gegen den fur manifestus Gai III 189.
3) wenn ein für frei geltender Mensch von einem andern als Sklave angesprochen — in servitutem vindizirt wurde, gegen diesen. Liv. III 44 (die Geschichte des Appius und der Virginia.)
4) gegen den Schuldner der in Form des nexum eine Schuld kontrahirt hatte; er galt von vornherein als damnatus. Sie stand ferner zu:
5) dem Sponsor gegen den Schuldner, für den er bezahlt hatte, falls dieser nicht in 6 Monaten ihn befriedigte nach lex Publilia.
6) nach lex furia gegen den Gläubiger, der von einem von mehrern Sponsoren mehr als dessen Antheil beigetrieben hatte.

Diese Fälle wurden sukzessive beschränkt, z. B. durch lex Poetalia (auch Poet. Papiria) welche etwa 430 a. u. den Fall ad 4 aufhob, so daß der nexus durch freiwillige Stellung vor Gericht die manus iniectio abwenden konnte. Liv. VIII 28 und Gai spricht IV 25 von einem Gesetz, dessen Namen unleserlich ist, wodurch die manus iniectio nur noch in den Fällen ad 1 und 6 Statt finden sollte. Ausgeführt wurde diese l. a. dadurch, daß der Kläger mit Umgehung der in jus vocatio den Beklagten faßte wo er ihn traf, und vor dem Prätor brachte.

Eine fünfte bei Gaius aufgezählte l. a. hat mit dem angegebenen Charakter der Legisaktionen nichts gemein:

e. leg. actio per pignoris capionem

D. h. Wegnahme einer Sache mit feierlichen Worten. Zunächst war dies gestattet als pignoris capio militaris dem Soldaten wegen des Soldes — aes militare, — dem Ritter wegen der zur Anschaffung des Pferdes vom Staat bewilligten Summe — aes equestre, — und wegen des Futtergeldes — aes hordearium — gegen den, der diese Zahlungen zu leisten hatte Liv. I 43. Sodann hatten diese l a die Publikanen gegen die Abgabenpflichtigen wegen der gepachteten Staatseinkünfte.

II. Formulae.

§. 47.

Begriff und Inhalt.

Ein lex Aebutia von unbestimmtem Alter (6tes Jahrhundert a. u.?) führte ein neues Verfahren ein. Der Magistrat sollte in einer Schrift, formula, die streitigen Punkte zusammenfassen, jus dicebatur conceptis verbis. 2 leges Juliae, die wahrscheinlich von Augnst aus dem Ende der Republik herrühren, setzten die Reform fort, so daß die legis actiones nur noch in zwei Fällen anwendbar blieben: wegen damnum infectum und überall, wo das Centumviralgericht das judicium bildete. Gai IV. 30. 31.

Die Formel, welche sich die Partei erbat, und welche aus gewissen Gründen, z. B. wenn der Antrag contra bonos mores, oder gar gegen das Recht verstieß, verweigert werden konnte, enthielt die Anträge der Parteien in vorgeschriebener prozessualischer Form.

Auf Antrag des Klägers konnte die Formel einen vierfachen Inhalt haben: partes formulae. Gai IV. 39—52.

a) demonstratio, Bezeichnung des der Klage zur Grundlage dienenden factums. Die Formel drückt dasselbe so aus, wie es der Kläger behauptet, d. h. als Grund der Klage, quod Aulus Agerius apud Numerium Negidium mensam argenteam deposuit;

b) intentio, d. h. die Bezeichnung des Rechtes, welches der Kläger nach Civilrecht sich beilegt, und das er gegen den Beklagten verfolgt, ea pars formulae, qua actor desiderium suum concludit. In der intentio zeigt sich die Verschiedenheit der Klagen:

α) ist sie ausschließlich gegen die Person des Beklagten gerichtet, so heißt die Klage actio in personam oder actio im eminenten Sinne als Gegensatz der petitio, si paret Numerium Negidium Ao. Ao. sestertium 10,000 dare oportere;

β) benennt die intentio nur den Gegenstand des Rechts ohne Bezeichnung einer bestimmten Person des Beklagten, so heißt die Klage actio in rem. Gai IV., 2. 3. Si paret hominem, fundum, jus utendi fruendi, hereditatem ex jure quiritium Anli Agerii esse. Diese intentio in rem entspricht der vindicta im Legisaktionenprozeß (siehe §. 44.), und heißt deshalb auch vindicatio, moderner petitio. Gai IV., 5. l. 28. D. IV., 4. l, 178. §. 2. D. L., 16.;

γ) muß die Intention negativ gefaßt werden, weil der Kläger dem Beklagten ein Recht abspricht, gegen dessen Ausübung er sich schützen will, so bedarf es zwar einer Benennung des Beklagten, doch bleibt die actio eine in rem, da die Benennung des Beklagten nur deshalb nothwendig ist, weil der Kläger doch unmöglich das ganze Publikum negiren kann. Dies ist die negativa s. negatoria in rem actio: si paret Numerio Negidio jus non esse utendi fruendi;

c) adjudicatio. Dieses Stück der Formel kommt nur in Theilungsprozessen vor, wo der Richter angewiesen wird, den Antheil an dem gemeinsamen Eigenthum einem Jeden zuzusprechen, quantum adjudicari oportet, judex Titio ajudicato;

d) condamnatio. Sie besteht in der Anweisung an den Richter zu kondemniren oder zu absolviren: condemnato, si non paret, absolvito. Sie muß ohne Unterschied des Objekts der Klage immer auf eine bestimmte Geldsumme gehen, wenngleich die Anweisung zum Kondemniren diese Summe unbestimmt läßt.

§. 48.

Arten der Formulae.

1. Form. certae und incertae. Die intentio in rem geht immer auf ein certum, ihr Gegenstand muß bestimmt angegeben sein, sie ist formula qua certum petimus. Eine Abweichung kommt vor, wenn ein Miteigenthümer einen Theil vindizirt. Gai IV., 54. l. 8. §. 1. D. X. 3. Die intentio in personam aber kann certa oder incerta sein. Im ersten Falle lautet sie: si paret, reum dare oportere. Dare heißt technisch einen Gegenstand in das quiritische Eigenthum geben, so daß er vindizirt werden kann. Die Vindikation setzt aber bekanntlich (siehe §. 44.) einen durchaus bestimmten Gegenstand voraus.

Diese Intention ist zweifach:

a) wenn sie auf eine bestimmte Geldsumme gerichtet ist: si paret Numerium Negidium Aulo Agerio sestertium X. milia dare oportere. Hierbei kam eine sponsio poenalis vor; der Unterliegende mußte $^1/_3$ der eingeklagten Summe dem Sieger zahlen. Gai IV., 171—182.;

b) wenn sie auf einen andern bestimmten Gegenstand geht: si paret N. N. Ao. Ao. tritici africi optimi 100 modios dare oportere, l. 74. 75. §. 2. D. XLV., 1. Si paret N. N. Ao. Ao. fundum tusculanum dare oportere, l. 76. §. 10. D. l. c. Hierbei fehlte die sponsis poenalis.

Bei der intentio auf incertum wurde der Leistungsgegenstand mit facere, einem nnbestimmten, das dare sogar einschließenden Ausdruck bezeichnet. Sie lautet: quidquid paret N. N. Ao. Ao. dare facere oportere. Der Richter hatte hier auf den Werth, welchen die Sache für den Kläger hat, zu erkennen und daher einen freieren Spielraum, wie bei der certa res, wo er, namentlich in Bezug auf certa pecunia, streng an Quantität und Qualität gebunden war. Eine Formel die Aehnlichkeit mit der incerta hatte, war die, welche lautete: si paret N. N. pro fure damnum decidere oportere Gai IV., 37. 45. und namentlich den Ersatz des Schadens aus Delikten zum Gegenstande hatte.

Für die Formeln auf dare und facere oportere galt der Name condictio, Gai IV., 5., von der legis actio dieses Namens dadurch unterschieden, daß sie auf ein incertum gehen konnte, so daß es eine condictio certi und incerti giebt. Daneben wird eine condictio triticaria erwähnt, D. XIII., 3., deren Bedeutung kontrovers ist. Es fragt sich nämlich, ob damit nur die cond. auf alia certa res oder auch die cond. certi gemeint ist.

Siehe v. Savigny V., Beilage XIV., 39.

.§ 49.

2. Condictiones-stricti juris-bonae fidei actiones.

Wie bei den legis actiones war auch im Formularprozeß in Bezug auf persönliche Klagen der Richter häufig angewiesen auf Billigkeit Rücksicht zu nehmen, dann lautete die intentio: quidquid ob eam rem Numerium Negidium Ao. Ao. dare facere oportet ex fide bona. Prozesse dieser Art hießen bonae fidei judicia und die Klagen bonae fidei actiones, Gai IV., 62. und §. 28. J. IV., 6. führen auf die judicia: fiduciae, ex emto, vendito, locato, conducto, negotiorum gestorum, mandati, depositi, pro socio, tutelae, rei uxoriae, commodati, pignoraticium, familiae erciscundae, communi dividundo, praescriptis verbis, de aestimato et ex permutatione.

Diesen gegenüber pflegt man alle andern actiones stricti juris zu nennen, und für diese blieb die Bezeichnung condictio, §. 28. 30. J. l. c. l. 5. §. 4. D. XII., 3. Der Unterschied zeigt sich vor Allem darin, daß die Intention bei Kondiktionen sowohl certa als incerta sein kann, während sie bei bon. fid. actiones immer incerta sein muß.

§. 50.

3. Actiones directae — utiles — ficticiae — in factum. Gai IV., 10., 32—38.

Jede Klage kann durch Fiktion auf Fälle erstreckt werden, für welche sie ursprünglich nicht bestimmt war, z. B. die in rem actio publiciana: Si quem hominem Aulus Agerius emit et is ei traditus est, anno possedisset, tum si eum hominem, de quo agitur, eius ex jure quiritium esse oporteret, oder in personam die Klage des prätorischen Erben gegen die Nachlaßschuldner: Si

A A. heres Lucii Titii esset, tum si paret N. N. Ao. Ao. sestertium X. milia dare oportere. Solche nach dem Muster einer civilen Klage gebildeten Klagen (quae ad aliam actionem exprimuntur) heißen actiones ficticiae Ulp. XXVIII., 12. und stehen gegenüber den actiones quae sua vi ac potestate constant.

Für jene gilt die Bezeichnung utiles actiones, d. h. Klagen die über ihre ursprünglichen Grenzen hinaus wirksam sind, und in diesem Sinne ist ihr Gegensatz die actio directa.

§. 51.

4. Formulae in jus, in factum conceptae, actiones praesciptis verbis.

Form. in jus concept. sind alle bisher aufgeführten, weil bei ihnen nur die Frage Gegenstand der Untersuchung ist, ob dem Kläger jure civili das Streitobjekt gebührt oder der Beklagte etwas zu leisten hat. Form. in factum sind diejenigen, bei welchen untersucht werden soll, ob eine gewisse Thatsache richtig ist oder nicht, z. B. si paret illum patronum ab illo liberto contra edictum illius Praetoris in jus vocatum esse; hier tritt an die Stelle der demonstratio und intentio eine designatio rei (Bezeichnung des Factums). Das Eigenthümliche dabei ist, daß sie dem Inhalte nach die demonstratio der form. in jus conc. darstellt, der Form nach aber eine intentio vorliegt: es ist die intentio, welche die demonstratio enthält. Gai IV., 45—47. Die in factum actiones können auch utiles sein, l. 11. D. XIX., 5. Ihre Entstehung ist daraus zu erklären, daß die Magistrate, da sie nicht selten Sachen und Forderungsrechte zusprachen, ohne das jus civile für sich zu haben, dieselben auch ohne Civilrecht schützen mußten, daher sind die in factum actiones nach v. Savigny V. §. 217. Note I. Bei XIII., 6. 10. 18. freie Klagen, bei welchen die Grundsätze der bonae fid. actiones stillschweigend zur Anwendung kommen; anderer Ansicht ist Puchta, welcher (Institutionen II. §. 165. Note yy) den Unterschied zwischen bon. fid. und in fact. actiones besonders darin findet, daß nur bei letzteren die exceptio doli in die Formel aufgenommen, daher oft der bon. fid. actio eine formula in factum angehängt worden sei.

Actiones praescriptio verbis sind Klagen aus dem Civilrecht tit. D. de praescriptis verbis et in factum actionibus XIX., 5. Die incerta form. setzt nämlich eine Auseinandersetzung des Forderungsrechts voraus, dies geschieht in einer demonstratio, wenn das Rechtsgeschäft einen civilrechtlichen Namen hat. Wo dies nicht der Fall ist, also bei den contractus, quorum appellationes nullae jure civili proditae sunt, l. 3. D. l. c., ist keine demonstratio denkbar, daher ersetzt die Stelle derselben ein der intentio vorangehender Satz (daher praescribere) ohne den Namen demonstratio, l. 6. C. II., 4.

§. 52.

5. Arbitrariae formulae.

Man kann sich die condemnatio und überhaupt — da sie den Kern der Formel bildet — die Formel als ein hypothetisches Urtheil denken, wobei der Richter die Umstände der Hypothese zu prüfen hat. Es giebt aber Formeln, wo die Kondemnation davon abhängig ist, daß der Beklagte etwas nicht thut, was der Richter ihm aufgiebt, so daß die Kondemnation die Folge des Ungehorsams gegen den Richter ist, welcher einen Versuch zur gütlichen Beilegung der Sache gemacht hat. Dieß sind die arbitrariae formulae, weil der Richter den Leistungsgegenstand arbiträr bestimmt: arbitrium de re restituenda oder exhibenda, nisi arbitratu iudicis rem restituat, exhibeat, solvat. §. 31. J. IV., 6., z. B. die actio quod metus causa, l. 14. §. 3. 4. D. IV., 2. de dolo l. 18. pr. D. IV., 3. ad exhibendum l. 3. §. 13. D. X., 4. Diese Formeln kamen am häufigsten bei den Interdikten (siehe §. 56.) und bei in rem actiones vor, so oft dem Kläger daran gelegen war, die Sache selbst statt des Werths zu haben.

§. 53.

Zusammenstellung der partes formulae.

Die aufgezählten vier Stücke können in keiner Formel alle neben einander vorkommen, Gai IV., 44. Eine vollständige Formel wäre folgende:

Demonstratio: Quod Aulus Agerius — qui ait, der Mustername des Klägers — de Numerio Negidio — qui negat, Mustername des Beklagten — incertum stipulatus est,

Intentio: Quidquid ob eam rem Numerium Negidium Aulo Agerio dare facere oportet,

Condemnatio: Eius judex Numerium Negidium Aulo Agerio condemnato, si non paret absolvito.

1) Die demonstratio ist absolut nothwendig nur bei der intentio incerta, weil man sonst nicht weis, was in dem quidquid dare facere oportet enthalten ist. Daher steht die demonstratio nie allein.

2) Die intentio kommt vor in allen form. in jus conc., bei der form. in factum vertritt ihre Stelle die designatio rei.

Eine doppelte intentio findet sich bei den Theilungsklagen, da dieselben nicht nur auf Theilung, sondern zugleich auf persönliche Leistungen gerichtet sind, man nennt sie deshalb auch wohl mixtae actiones, §. 20. J. IV., 6. Die intentio kann ganz allein stehen. Dies ist der Fall bei den praejudiciales formulae oder praejudicia, d. h. Klagen, bei welchen es sich nm Feststellung einer rechtlichen Thatsache handelt, z. B. ob Jemand einen gewissen status hat, ob er frei, ob Freigelassener ist, wie hoch eine dos ist 2c. Hier wird die intentio in rem ohne Nennung eines Beklagten gefaßt. Gai III., 123., IV., 44. l. 3. §. 2. D. XXV., 3. §. 13. J. IV., 6.

3) Die condemnatio steht überall, nur nicht in den Präjudizien.

§. 54.

Fehlerhafte Formeln.

Wenn der Kläger in seinem Antrage, den der Prätor in die Formel bringt, zuviel fordert, so ist dies plus petitio, Gai IV., 53. bis 60. und zwar:

1) re, quantitativ zu viel;
2) tempore, wenn vorzeitig geklagt wird;
3) loco, an einem andern Orte, als wo der Beklagte zu leisten schuldig ist;
4) causa, durch andere Ueberschreitungen des Rechts, z. B. Forderung einer bestimmten Sache, wo nur ein genus der Gegenstand des Rechts ist.

Kommt die plus petitio in der intentio vor, so wird der Kläger abgewiesen, causa cadit. In der condemnatio dagegen schadet die plus petitio nichts, wohl aber eine minus petitio, da der Richter hierauf erkennt. In der demonstratio endlich ist die plus petitio gleichgiltig, falsa demonstratio non nocet, weil der Richter das Verfahren rektifizirt. Wird aber bei einer formula in factum das factum falsch bezeichnet, so wird der Kläger allerdings abgewiesen, denn hier gilt die designatio rei als intentio.

§. 55.

Sponsiones.

Es giebt Fälle, wo der Richter oder der Prätor von Amtswegen die Parteien anhalten kann, sich durch stipulatio (Rechtsgeschäft in Form einer feierlichen Frage und Antwort) zu verpflichten: stipulationes judiciales und praetoriae, l. 5. pr. D. XLV., 1.

Diejenigen unter den letztern, wodurch ein Prozeß eingeleitet werden kann, heißen sponsiones. Der Beklagte verspricht etwas unter der Bedingung, daß der Kläger Recht hat, und dieser klagt nun aus der Sponsion mit der condictio z. B. der Kläger fragt: si bonorum Turpiliae possessionem Q. Caepo praetor ex edicto suo mihi dederit, tot nummos dare spondes? und der Beklagte antwortet: spondeo Cic. fam. VII., 21. Das hierdurch veranlaßte Verfahren hieß sponsione contendere und schloß sich an die legis actio sacramento an; der Zweck war ein doppelter:

1) um eine bloße Form für die Einleitung der Klage zu haben. Hier erfolgte bei der Kondemnation des Beklagten keine wirkliche Leistung der summa sponsionis. Die sponsio war nur praejudicialis;
2) Bestrafung des Unterliegenden: sponsio poenalis. Hier versprach der Kläger dieselbe Summe und der Beklagte hatte gegen ihn die restipulatio.

Die bloße spons. praejud. kam nur bei in rem actiones vor und konnte zweifach geltend gemacht werden:

1) durch formula petitoria mit der Intention: rem actoris esse;
2) per sponsionem. Der Kläger provozirte den Beklagten durch die Stipulation: si homo quo de agitur, ex jure quiritium meus est, sestertium . . . dare spondes? Es erfolgte die Formel mit der Intention: si paret N. N, Ao, Ao. sest. dare oportere, und der Beklagte leistete wegen der Herausgabe der Sache mit den Früchten die stipulatio pro praede litis et vindiciarum. Hierdurch wird die dingliche Klage in eine persönliche verwandelt.

Die spons. poenalis kam bei certa pecunia credita und bei pec. constituta vor.

§. 56.

Inderdicta.

Gai IV., 138—170.

Interdicta waren Befehle des Prätors, wodurch er auf kurzes Anhören beider Theile dem Beklagten die Restitution oder Exhibition einer Sache aufgab oder eine Handlung verbot. Sie dienten nur zur Einleitung eines gerichtlichen Verfahrens, keineswegs wurde die Sache dadurch entschieden. Nach dem Inhalte des Befehls waren die interdicta entweder restitutoria oder exhibitoria oder prohibitoria; duplicia hießen sie, wenn sie der Prätor gegen beide Parteien richtete. Das durch interdicta restitutoria und exhibitoria einzuleitende Verfahren war doppelt:

1) cum poena oder per sponsionem; die Parteien provozirten

sich gegenseitig zur Sponsion einer Strafe, welche der Beklagte für den Fall versprach, daß er contra edictum praetoris, der Kläger für den Fall, daß der Beklagte nicht dagegen gehandelt habe. Die Voraussetzungen der Sponsion und Restipulation wurden untersucht und nach dem Ausfall der Untersuchung entweder der Beklagte in die Sponsions- oder der Kläger in die Restipulationssumme verurtheilt. Um aber die Hauptsache zu erlangen, ließ der Kläger an seine formula sponsionis eine zweite Formel anhängen, wodurch ein judicium de re restituenda oder exhibenda konstituirt und der Beklagte, wenn er nicht restituirte oder exhibirte, in den Werth kondemnirt wurde;

2) sine poena; jede Partei konnte beim ersten Auftreten vor dem Magistrat einen arbiter erbitten und dadurch das Strafverfahren ausschließen; hier wurde der Richter durch eine formula arbitraria angewiesen, den Beklagten, wenn er contra edictum gehandelt hatte, in den Werth zu kondemniren. Wurde der arbiter nicht sofort erbeten, so blieb nur das Strafverfahren übrig.

Dies Strafverfahren war bei interdicta prohibitoria das einzige. Die interdicta duplicia utrubi und uti possidetis, wobei jede Partei den Besitz der Sache sich beilegte, setzten eine Regulirung des Besitzstandes während des Prozesses voraus. Dies geschah so, daß der Besitz, worin auch die faktische Möglichkeit der Nutzung der Sache (fructus) liegt, demjenigen zugestanden wurde, welcher bei einer zwischen den Parteien vorgenommenen Lizitation — fructus licitatio — das Meistgebot that. Verlor er, so mußte er die gebotene Summe dem Gegner zahlen, wozu er sich durch die fructuaria stipulatio verbindlich machte. Aber auch ohne Stipulation konnte die Strafe mit dem judicium fructuarium oder secutorium gefordert werden.

Auf die Herausgabe der Sache selbst aber mit den Früchten ging das judicium cascellianum.

Nach dieser Feststellung des Besitzstandes hatte der Richter nur zu untersuchen, wer zur Zeit der Fassung des Interdikts wirklich auf fehlerfreie Weise besessen hatte. Lautet die Entscheidung für den Meistbietenden, so wird der Gegner in die Summe kondemnirt, die er durch Sponsion oder Restipulation versprochen hat und der Sieger wird von dieser Summe absolvirt. Fällt die Entscheidung gegen den Meistbietenden aus, so dreht sich das Gesagte um, derselbe wird aber außerdem in die Lizitationssumme und zur Herausgabe des Besitzes mit den Früchten resp. in den Werth verurtheilt.

§. 57.

Praescriptiones.

1. Da die für den Kläger gefaßte Formel regelrecht auf den ganzen Inhalt seines Rechts ging, so mußte für den Fall, daß er diesen Inhalt nur theilweise geltend machen wollte, die demonstratio modifizirt werden. Dieß geschah durch einen Zusatz — praescriptio pro actore, Gai IV., 130—137., welcher die Klage auf den bestimmten Theil beschränkte mit den Worten: ea res agatur (z. B. cuius rei dies fuit, wenn nur die gerade fällige Rate der Schuld eingeklagt werden sollte). Der Ausdruck praescriptio rührt daher, daß der Zusatz gewöhnlich ganz vor die demonstratio geschrieben wurde.

2. Auf den Beklagten angewendet als praescriptiones pro reo sind dies solche Vertheidigungsmomente (Einreden) des Beklagten, von deren Untersuchung es abhängt, ob die übrige Formel Bedeutung hat. Werden sie gegründet befunden, so wird gar keine Sentenz gesprochen, dahin gehören:

a) die praejudicia. Der Beklagte kann nämlich die Einlassung auf die Klage aus dem Grunde verweigern, weil ein anderer mit dem in Rede stehenden auf derselben faktischen Grundlage ruhender und die überwiegende Bedeutung — causa major — habender Prozeß vorerst entschiedrn werden müsse, l. 21. D. 21. D. XLIV., 1. l. 54. D. V., 1., z. B. der Beklagte verweist den Kläger, der ihn als Erben in Anspruch nimmt, auf den Ausgang des Erbschaftsstreits, worin er verwickelt ist, da dieser für ihn präjudiziell ist, d. h, weil er durch dessen Ausfall vielleicht in die Lage kommt, gar nicht Erbe, daher auch nicht Schuldner zu sein, l. 12. pr. C. III., 31.;

b) praescriptio fori, der Einwand, daß das Gericht nicht kompetent sei, l. 7. pr. D. II., 8;

c) praescriptio temporis, der Einwand der Verjährung der Klage;

d) praescriptio oder exceptio rei judicatae, l. 11. D. XLV., 1.

Die Präskriptionen wurden mit der Zeit wirkliche Exceptionen, d. h. nicht mehr vor die Formel geschrieben, Gai IV., 133.

§. 58.

Exceptiones.

Unter exceptio im alten Sinne des Worts (siehe §. 32.) ist diejenige Art der Vertheidigung des Beklagten zu verstehen, welche seine Absolution zur Folge haben muß, wenngleich die eine in dem „si paret“ enthaltene Voraussetzung wirklich eintritt.

Wenn nämlich der Beklagte die klägerische Behauptung zwar zugiebt, dabei aber Thatsachen behauptet, welche die rechtlichen Folgerungen der klägerischen Behauptungen verhindern, so erhält die Formel neben dem „si paret" noch einen Zusatz: die Anweisung an den Richter, auch diese selbstständige Behauptung des Beklagten als eine zweite Voraussetzung seiner Kondemnation zu prüfen: l. 2 pr. D. XLIV., 1., z. B. der Beklagte behauptet: zwischen ihm und dem Kläger sei verabredet worden, daß der Letztere vor Ablauf von 5 Jahren nicht klagen dürfe: si paret Numerium Negidium Ao. Ao. 10. dare oportere, si inter A. A. et N. N. non convenit, ne intra quinquennium peteretur, judex N. N. Ao. Ao. 10. condemnato, si non paret absolvito.

Alle Exceptionen wurden entweder in factum gefaßt, wie in dem obigen Beispiel, oder mit Bezug auf einen Rechtssatz: in jus, z. B. auf eine lex imperfecta: si in ea re nihil contra legem Cinciam factum est. Fragm. Vat. 310.

Die umfassendste Einrede ist die exc. doli: si in ea re nihil dolo malo Auli Agerii factum sit neque fiat, Gai IV., 119. Hier hatte der Beklagte die Wahl, ob er sie in factnm konzipiren lassen, d. h. die Thatsache, in welcher er einen dolus findet, speziel anführen wollte oder nicht, l. 2. §. 4. 5. D. XLIV., 4.

Bei bonae fidei judicia bedurfte es keiner Aufnahme der exceptio in die Formel, da hier die exceptio doli, und als solche kann jede exceptio aufgefaßt werden, ex officio berücksichtigt werden mußte: doli exceptio bonae fidei judiciis inest, l. 21. D. XXIV., 3.

§. 59.

Replicatio, duplicatio etc.

Da der Beklagte in der exceptio selbst angreift, so muß der Kläger sich dagegen vertheidigen. Thut er dies in der Form einer Gegeneinrede — replicatio — d. h. nicht blos in negativer Weise, so bedarf es wieder eines Zusatzes in der Formel, z. B. auf die Einrede des Beklagten, es sei ein pactum de non petendo abgeschlossen, behauptet der Kläger: dasselbe sei durch ein späteres pactum de petendo beseitigt worden. Exceptio: si inter A. A. et N. N. non convenit, ne ea pecunia peteretur. Replicatio: aut si postea convenit, ut eam pecuniam petere liceret, Gai IV., 126. Sonst gilt von der replicatio dasselbe, was über die exceptio gesagt ist. Gegen die replicatio ist eine duplicatio des Beklagten, dann eine triplicatio des Klägers und quadruplicatio des Beklagten rc. denkbar, l. 2. §. 3. D. XLIV., 1.

§. 60.

Litis contestatio.

Der wichtige Moment des Abschlusses des Verfahrens in jure mußte durch irgend ein factum erkennbar gemacht werden, dies ist die litis contestatio. Das Resultat der Verhandlungen in jure hieß lis ordinata, judicium ordinatum; man sagte von der Rechtssache, sie sei so weit vorbereitet, um in die Hände des Richters zu kommen: res in judicium deducta, lis inchoata est, es stand nunmehr fest, daß ein Gesetz gegeben werden mußte (§. 4.), l. 44. pr. D. V., 1. Hieraus folgt, daß jetzt von keinem Recht des Klägers oder des Beklagten mehr die Rede sein konnte, sondern daß der Zustand so angesehn werden mußte, als ruhe zwischen beiden Theilen das Recht. Daher waren die Wirkungen der lis inchoata:

1) das Klagerecht ist konsumirt, die Klage kann nicht noch einmal angestellt werden. Geschieht dies dennoch, so hat der Beklagte bei actiones in rem und in factum die exceptio rei in judicium deductae. Bei den legis actiones überhaupt und im Formularprozeß bei dem legitimum judicium in personam bedurfte es dieser exceptio nicht, weil die Klage ipso jure konsumirt war, Gai IV., 106—108.;
2) die Parteien sind an den Ausfall des Judiciums gebunden, denn das bestrittene Verhältniß existirt nicht mehr, an seine Stelle ist getreten: für den Kläger der Anspruch auf Kondemnation, für den Beklagten der Anspruch auf Absolution. Bei stricti juris iudiciis kam es nur darauf an, ob die Intention im Moment der lis inchoata begründet war, was später geschah, war gleichgiltig. Daher wurde der Beklagte durch eine einen Augenblick später geleistete Zahlung von der Kondemnation nicht befreit. Bei bonae fidei und arbitrariae act. dagegen konnte der Richter nur ein der bona fides angepaßtes Urtheil fällen, Zahlung vor der Sentenz befreite daher den Schuldner, Gai IV., 114., wo auch der Streit der Prokulianer und Sabinianer über diesen Punkt erwähnt wird;
3) der Inhalt der Obligation richtet sich nach diesem Moment; der Kläger muß das erhalten, was er gehabt haben würde, wäre er in diesem Moment befriedigt worden, l. 31. pr. D. XII., 1. l. 38. §. 7. D. XII., 1.;
4) die Parteien werden dadurch festgestellt, eine Veränderung war durch den Prätor möglich: translatio judicii, z. B. auf die Erben der Parteien, l. 8. §. 1. D. XXVII., 7. l. 29. D. XXXVIII., auf den dominus, wenn ein Stellvertreter in

die Formel geschrieben war und umgekehrt, l. 16—27. l. 46. pr. D. III., 3.

§. 61.

Surrogate der litis contestatio.

Aeußerlich erkennbar gemacht wurde die litis contestatio durch eine von beiden Theilen ausgehende Zeugenaufrufung, contestari. Überflüssig war der Akt:

1) bei der confessio in jure. tit. D. de confessis XLII. 2. Cod. VII., 59., wenn der Beklagte den klägerischen Anspruch in jure einräumte. Der Beklagte hatte sich selbst verurtheilt: confessus pro judicato est, l. 6. §. 1. D. l. c. Betraf aber das Geständniß keine bestimmte Geldsumme, so bedurfte es noch eines judiciums de re aestimanda, l. 56. l. c.;

2) wenn der Kläger dem Beklagten über die streitige Behauptung in jure einen Eid deferirt, tit. D, de jure jurando sive voluntario, sive necessario, sive judiciali, D. XII. 2. Schwört der Beklagte, so hat er gegen die Klage die exceptio jurisjurandi, schwört der Kläger den ihm zurückgeschobenen Eid, so hat er die Klage ad similitudinem judicati in factum, l. 8. C. IV., 1.;

3) wenn der Beklagte die Einlassung in judicio verweigert, z. B. in der Form einer Präscription (siehe §. 57.), oder mit der Behauptung, daß er nicht der richtige Beklagte sei, was namentlich bei actiones in rem von Wichtigkeit ist, wenn der Beklagte läugnet zu besitzen, oder aus dem Grunde zu besitzen, welchen der Kläger anführt. Die erste dieser Fragen mußte zunächst entschieden werden, und dies geschah durch ein Interdikt. Ermittelte sich, daß der Beklagte Besitzer war, so mußte er dem Kläger den Besitz herausgeben, l. 10. 20. §. 2. D. XI., 1. Ist dagegen der Titel, aus welchem der Beklagte besitzt, nicht klar, so muß der Kläger dieß erst feststellen. Dieß geschah durch die vom Prätor eingeführte interrogatio in jure, namentlich in Bezug auf die Frage, ob und auf wie hoch der Beklagte Erbe ist, l. 11. §. 1. 9. D. l. c. Was der Beklagte hier zugesteht wird zu seinem Nachtheil für wahr gehalten.

Ist die Weigerung des Beklagten zur Uebernahme des judiciums grundlos, so gilt er als indefensus, d. h. damnatus, §. 52. D. L., 17.

§. 62.

Stellvertretung.

Ein Stellvertreter ohne Zuziehung des Vertretenen (siehe §. 41.) war dem alten Recht nicht bekannt, weil nach dem Wesen der legis actio die Partei sich selbst das geforderte Recht zusprach und zwar gegen den bestimmten Beklagten. Nur ausnahmsweise wurden Stellvertreter zugelassen:

1) pro populo, d. h. im Interesse des Staats oder einer Gemeinde;
2) pro libertate, d. h. für eine Person, deren Freiheit streitig war;
3) nach lex Hostilia für die in feindlicher Gefangenschaft und in Staatsgeschäften Abwesenden;
4) nach den leges repetundarum für die von den Erpressungen betroffenen Personen. Ihr Vertreter hieß legis actor.

Im Formularprozeß aber konnte sehr wohl die Kondemnation sowohl aktiv als passiv auf einen andern, als die Partei selbst, gestellt werden. Die Befugniß, sich vertreten zu lassen, war indessen versagt den infames, und Stellvertreter durften nicht sein Weiber, Soldaten, infames, insofern sie nicht postuliren konnten, Gai IV., 124. l. 41. D. III., 3. Die Kaiser schlossen aus angesehene und mächtige Leute, welche den Gegner mehr drücken konnten als die Partei selbst tit. C. ne liceat potentioribus patrocinium litigiantibus praestare vel actiones in se transferre, II., 14.

§. 63.

Arten und Rechtsverhältnisse der Vertretung.

1. Cognitor war der Stellvertreter, welcher in Gegenwart des Gegners mit feierlichen Worten für den speziellen Streit, in litem, in eam rem bestellt wurde, Gai IV., 83. 97. Er war domini loco, so daß die Partei seine Prozeßführung wie die eigene gelten lassen mußte. Stellte ihn der Beklagte, so mußte er für ihn Kaution durch Bürgen leisten, satisdatio judicatum solvi, dafür, daß er das, wozu er verurtheilt werden konnte, leisten werde.

2. Procurator hieß jeder der nicht cognitor war. Er wurde anfangs auf Grund bloßer Vollmacht nur zugelassen, so oft die Bestellung eines cognitor wegen Entfernung der Partei nicht auszuführen war. Mit der Zeit bildete dieß die Regel.

In allen Fällen nun, wo der Stellvertreter nicht domini loco ist, also beim bloßen Mandat, bei der Vertretung des Mündels durch den Tutor 2c. war der Mandant dem Gegner gegenüber an das von dem Vertreter erzielte Prozeßresultat nicht gebunden, weil sein Recht davon ganz unabhängig bestand. Daher konnte der Gegner von dem Prokurator eine Garantie für die Anerkennung seiner Prozeßführung durch den dominus fordern, und dazu diente die satisdatio ratam rem haberi, Gai IV., 98., den Tutoren und Kuratoren wurde sie schon früh erlassen, Gai IV., 99.

Ebensowenig erwarb aber der dominus aus der Prozeßführung des Vertreters ein unmittelbares Recht gegen den Gegner. Nur der Prokurator hatte die Klage aus dem obsieglichen Urtheil und dasselbe galt von der Vertretung des Beklagten, weshalb er die satisdatio judicatum solvi leisten mußte.

Im Laufe der Zeit kehrten sich diese Grundsätze um. Das Prinzip für die Stellvertretung durch den cognitor ist zur Regel geworden. Hat der Vertreter nur den Auftrag oder das Amt der Vertretung, so wird der Gegenstand des Prozesses von ihm in judicium deduzirt, so daß der dominus die Prozeßführung gegen sich gelten lassen muß. Daher ist die cautio ratam rem haberi regelrecht nicht erforderlich und immer davon befreit ist der procurator praesentis, den der dominus persönlich vor Gericht als seinen Bevollmächtigten erklärt, der procurator aput acta factus, der eine gerichtlich aufgenommene Vollmacht vorweist, §. 3. J. IV, 11. endlich der procurator, welcher in einer schriftlichen Nachricht an den Gegner unter Uebernahme der Ratihabition als solcher bezeichnet wird, l. 65. D. III., 3.

Die actio judicati kompetirt dem Vertretenen und geht gegen ihn, wenn der procurator, tutor, curator obgesiegt hat, resp. unterlegen ist. Die satisdatio judicatum solvi wurde beibehalten, l. 46. §. 2. D. l. c., und für jeden Stellvertreter galt der Satz: lite contestata dominus litis efficitur, l. 4. §. 5. D. XLIX., 1., d. h. er wird Partei und tritt daher in ein selbstständiges Verhältniß zum Gegner.

§. 64.

III. Extraordinaria cognitio.

Neben dem regelmäßigen Verfahren, ordo judiciorum privatorum, kamen schon frühzeitig Fälle vor, wo der Magistrat nach vorgängiger Untersuchung, causae cognitio, selbst durch Dekret entschied. Anfangs gehörten dahin nur solche Streitigkeiten, deren Schlichtung auf dem gewöhnlichen Wege nicht zulässig war, z. B. zwischen Herrn und Sklaven, Haussohn und Vater, Vormund und Mündel, l. 1. §. 1. 10. D. I., 12. l. 3. §. 6. D. XXVII., 2. Der Kläger brachte sein Gesuch einseitig beim Prätor an, dieser ließ den Beklagten durch einen Liktor vorladen. Gegen den Ausbleibenden gab es Strafen. Erschienen beide Theile, so nahm der Prätor eine an keine Form gebundene Untersuchung des Sachverhältnisses vor, welche durch ein Dekretum beendigt wurde. Dieß reichte aber nur so weit, als die Macht des dekretirenden Magistrats, galt also namentlich nicht für andere Magistrate. Zur Zeit der principes freilich waren alle Magistrate, da sie als ihm subordinirt angesehen wurden, an die Dekrete derselben gebunden.

§. 65.

In integrum restitutio.

In allen Fällen, wo eine Abweichung von dem strengen Rechte geboten schien, weil durch die Befolgung desselben größeres materielles Unrecht zu befürchten stand, als durch die Abweichung, intervenirte der Prätor durch eine in integrum restitutio, d. h. er führte aus Gründen, die ihm gerecht schienen, den durch jene Strenge Verletzten zu dem Zustande zurück, in welchem er sich vor der Einwirkung des strengen Rechts befunden hatte. Die verschiedenen Punkte, welche beim Restitutions-Verfahren zur Sprache kamen, sind: 1) die rechtliche Natur der angebrachten Gründe, d. h. ob sie sich dazu eignen, Veranlassung einer Restitution zu sein; 2) die Existenz der vorgebrachten Gründe; 3) die wirkliche Restitution.

Der Prätor konnte möglicherweise alle 3 Punkte selbstständig erledigen, wie dieß in allen Fällen zulässig war, wo eine Handlung des Gegners nicht erforderlich ist, l. 46. §. 3. D. III., 3.; häufiger entschied er durch causae cognitio und decretum über die Voraussetzungen der Restitution und ordnete ein judicium an, dessen Sache die wirkliche Restitution war, l. 13. §. 1. D. IV., 4. judicium restitutorium s. rescissorium. Es kam aber auch vor, daß der Prätor sich nur darüber aussprach, ob unter Voraussetzung der angegebenen Thatsachen ein justa causa restitutionis vorlag, wo denn für das judicium das wirkliche Restituiren und der Beweis der Thatsachen aufgehoben blieb. Hier machte der Prätor die Restitution zum Inhalte einer besondern Klage oder Einrede, z. B. actio metus. exc. metus, und dies hat dazu geführt, daß dolus und metus wenigstens als Veranlassung eines gerichtlichen Schutzes betrachtet wurden und aufhörten, Restitutionsgründe zu sein.

§. 66.

IV. Reskriptsprozeß.

l. 3. C. II., 54.

Unter dem Prinzipat konnte man sich in einer Bittschrift, libellus, preces, supplicatio, worin die streitige Thatsache enthalten war, wegen Entscheidung unmittelbar an den princeps wenden. Das Verfahren war doppelt:

1) der Prinzeps übergab die Sache einem Beamten, der ihm Bericht erstattete, worauf per decretum entschieden wurde, l. ult. D. XXVIII., 5.;
2) häufiger erließ der Prinzeps auf den Vortrag der Partei ein Reskript, worin er, wie in einer Formel, die Rechtssätze, die das Verhältniß betrafen, aufstellte und einen Beamten zum Richter ernannte. Wenn das Letztere nicht geschehen war, so mußte sich die Partei mit dem Reskript an ihre ordentliche Gerichtsbehörde wenden. Gegen das Reskript konnte sich der Gegner nur dadurch schützen, daß er nachwies, es sei durch Entstellung der Thatsachen erschlichen: praecriptio mendaciorum — entweder so, daß falsche Thatsachen vorgetragen (subreptio) oder so, daß wahre zurückgehalten worden seien (obreptio) l. 8. §. 9. D. I., 18.

B. Verhandlungen in judicio.

§. 67.

Um das Urtheil zu sprechen, hatte der Richter die Voraussetzungen zu untersuchen, unter welchen der Magistrat das Recht festgestellt hatte, er sollte das hypothetische Urtheil in ein positives verwandeln. Vor dem Richter also war es Sache der Parteien, diese Voraussetzungen als wahr oder unwahr darzustellen, damit der Richter günstig für sie urtheile. Dazu gab es oratores oder patroni, welche durch orationes, perorationes, das Recht ihrer Partei faktisch und rechtlich zu begründen suchten. Dann folgte die probatio, d. h. Darstellung und Beschreibung der der Partei zustehenden Beweismittel verbunden mit der altercatio oder dem gegenseitigen Streben der Parteien, die Beweismittel des Gegners anzugreifen, zu schwächen oder zu beseitigen. Eine bestimmte Form für dies Verfahren war nicht vorgeschrieben; es kam Alles darauf an, den Richter zu überzeugen, und wie er seine Ueberzeugung gewann, davon hatte er nur der Partei und seinem Gewissen Rechenschaft zu geben.

Erstes Buch.

Heutiges Verfahren in erster Instanz.

Erster Abschnitt.

Verfahren im ordentlichen Prozesse.

§. 68.

Einleitung.

Das heutige Verfahren in erster Instanz besteht beim ordentlichen Prozesse regelmäßig aus vier Stücken:

1) Angriff durch das Vorbringen des Anspruchs und Vertheidigung des Gegners;
2) Zwischenspruch — interlocutio — des Richters zum Zweck des Beweises der angebrachten Thatsachen;
3) Beweisführung durch die Parteien;
4) definitive Entscheidung des Prozesses.

Der Zweck des ersten Verfahrens ist eine klare Uebersicht über die Thatsachen des Streites, status causae et controversiae.

Erstes Kapitel.

Das erste Verfahren.

§. 69.

Libellus conventionis.

Das erste Verfahren beginnt mit der vom Kläger bei Gericht eingereichten Klageschrift: libellus actionis oder conventionis. Dieselbe muß eine bestimmte Angabe des Grundes (§. 29.) und des Gegenstandes der Klage, regelrecht auch des Rechtsgrundes, sowie einen Antrag — petitum — enthalten. Der letztere ist dreifach:

1) Prozeßgesuch, d. h. die Bitte um Anordnung einer Prozedur; dies ist im summarischen Prozeß nothwendig;

2) das Hauptgesuch, d. h. die Angabe dessen, was der Kläger von dem Beklagten haben will;
3) das Nebengesuch in Bezug auf die Akcidenzien der Hauptsache, omnis causa, z. B. Früchte, Zinsen, Kosten.

Ist eines der aufgeführten Stücke der Klageschrift nicht in der Ordnung, so hat dies nachtheilige Folgen für den Kläger, die im Allgemeinen darin bestehen, daß er die dnrch den Fehler verursachten Kosten tragen muß.

Eine Verbesserung — emendatio libelli — und eine Erläuterung — declaratio libelli — in Bezug auf das Formelle des Klagevortrags und die Nebenforderungen ist in allen Lagen des Prozesses zulässig. Eine Klageänderung dagegen — mutatio libelli — wodurch das Fundament oder der Antrag betroffen wird, nur bis zur Einlassung des Beklagten.

§. 70.

Verfügungen auf die Klage und Wirkungen.

Erachtet der Richter nach vorgenommener Prüfung der Klage dieselbe für zulässig, so verfügt er durch ein Dekret die Mittheilung der Klage an den Beklagten, um sich darüber in einer bestimmten Zeit vernehmen zu lassen, decretum communicatorium. Findet er dagegen Fehler in der Klage, so hängt es von deren Erheblichkeit ab, ob die Klage unbedingt oder bedingt abgewiesen werden muß. Das Letztere geschieht durch die verschiedenen Formen:

„Die Klage findet angebrachtermaaßen, zur Zeit 2c. nicht Statt."

Die Wirkungen des ersten auf die zulässige Klage erlassenen und dem Beklagten gehörig insinuirten Dekrets sind:

1) Prävention (§. 18. Nr. 4.);
2) mala fides und Verzug des Beklagten, l. 82. §. 1. D. XLV., 1.;
3) das dekretirende Gericht bleibt kompetent, prorogatio fori, l. 19. D. II., 1.;
4) das Streitobjekt wird res litigiosa, insofern der Beklagte von jetzt ab keine einseitigen Veränderungen damit vornehmen darf, Gai IV., 117.;
5) die Verjährung der Klage wird schon durch ein Dekret unterbrochen, welches die Klage blos zur Nachricht mittheilt, notificatorium, während die Usukapion fortläuft, bis der Prozeß wirklich eingeleitet ist.

§. 71.

Vertheidigung des Beklagten.

1. Gegen die Form des Angriffs.

Wenn der Beklagte den Angriff des Klägers dadurch abzuwehren sucht, daß er entweder die zur Begründung des Antrags vorgebrachten Thatsachen leugnet, oder, während er dieselben ignorirt, selbstständige Umstände anführt, welche seine Vertheidigung selbst für den Fall rechtfertigen, daß die Thatsachen des Klägers zugegeben werden, so nennt man diese Vertheidigungsmittel verzögerliche Einreden, exceptiones dilatoriae. Diese können aus dem Subjekt und Objekt des Streites entnommen werden. Ein Beispiel der ersten Art ist die exceptio judicis incompetentis, der letzten die exceptio libelli inepti, d. h. der Einwand, daß die Klage unpassend angebracht sei.

Nach römischem Rechte mußten diese Einreden vor der Einlassung, nach kanonischem, bei Strafe des Verlustes, sämmtlich in einer bestimmten Zeit angebracht werden, l. 40. §. 3. D. III., 3. Cap. 4., XII., 25.

Die Reichsgesetze schreiben vor, daß der Beklagte nicht nur diese Einreden in dem ersten zu seiner Vertheidigung angesetzten Termine vorbringen, sondern zugleich für denFall, daß dieselben nicht durchgreifen sollten (eventuell) sich einlassen solle cf. §. 28. J. R. A. §. 38., 38., 40. K. G. O. von 1508 Tit. 5. R. A. von 1570 §. 89. Nur gewisse dilatorische Einreden sollen in besonderen Fällen einstweilen und diejenigen, welche die Hauptsache betreffen — merita causae, — sowie solche, welche erst im Laufe des Prozesses hervorgerufen worden sind, nach der Einlassung angebracht werden dürfen. J. R. A. §. 40. K. G. O. von 1507, V, 4. Cap. 4. X, I, 38. Cap. 25. X, I, 29. Cap. 4. X. II, 25.

§. 72.

2. Gegen den Inhalt der Klage.

Litiscontestation (siehe §. 60.).

Ist die Vertheidigung des Beklagten gegen das Material der Klage gerichtet, so kommt es zur litis contestatio — Kriegsbefestigung, d. h. die gerichtliche Erklärung des Beklagten über die der Klage znm Grunde liegenden Thatsachen.

Sie kann sein:

a) bejahend — confessio — affirmative Litiscontestation;
b) verneinend — defensio — negative Litiscont.;
c) ignorirend, l. 42. D. L, 17.;
d) gemischt, wenn verschiedene Erklärungen erfolgen.

Da durch die Litiskontestation der eigentliche Streit festgestellt werden soll, so genügt eine allgemeine Erklärung des Beklagten nur, wenn er durchweg bejaht.

Die Wirkungen der Litiskontestation sind:

a) Litispendenz — Rechtshängigkeit der Sache, d. h. die Sache muß als streitige von dem Richter zu Ende geführt werden;

b) Prorogation des fori (§. 17.);
c) Uebergang der Klage auf die Erben (§. 30.);
d) juristische Gewißheit des Zugestandenen, tit. D. de confessis. XLII, 2.;
e) regelrecht Verlust der dem Beklagten bekannten und nicht vor oder bei der Einlassung vorgebrachten Gründe (§. 32.);
* f) Verpflichtung des Beklagten zur Leistung dessen, was als accessorium der Hauptsache erscheint, omnis causa;
g) der, welcher sich für den Beklagten ausgiebt, wird als solcher verurtheilt, l. 25., 26., 27. pr. D. VI, 1.;
h) Unveränderlichkeit der Klage.

Zerstörliche Einreden sind solche, durch welche der klägerische Anspruch ganz oder theilweise definitiv beseitigt werden soll. Diejenigen peremtorischen Einreden, in welchen die Behauptung liegt, daß der Prozeß bereits beendigt sei — exceptiones litis finitae — befreien nach kanonischem Recht den Beklagten von der Einlassung und heißen deshalb exceptiones litis ingressum impedientes, Cap. 1. 2. in 6to. II, 3. Nach neuerem Reichsrecht muß mit ihrem Vorbringen eine eventuelle Einlassung verbunden werden. R. A. von 1570, §. 89. J. R. A. §. 37. 38. Uebrigens können diese Einreden sowohl dilatorisch als peremtorisch sein.

§. 73.

Widerklage.

Mit der ersten Vertheidigung des Beklagten kann als ein zufälliger Bestandtheil verbunden sein die eigentliche Widerklage — reconventio perfecta — welche sich von der uneigentlichen dadurch unterscheidet, daß sie gleichzeitig und in denselben Akten mit der Hauptsache verhandelt wird; dies setzt voraus, daß der Richter in der Hauptsache competent, die Widerklage frühzeitig angebracht und die Prozeßart dieselbe ist. Cap. 2 X II 4.

§. 74.

Richterliche Verfügung auf die Vertheidigung und weitere Verhandlungen im ersten Verfahren.

Je nach dem Ausfall der Prüfung der Exceptionsschrift wird dieselbe entweder zur Verbesserung zurückgegeben oder dem Kläger blos zur Nachricht oder endlich zum Repliciren mitgetheilt. Ist eine Widerklage angebracht, so muß der Kläger darauf erzipiren.

Die Replik ist in allen Fällen nothwendig, wo der Beklagte selbstständige Thatsachen angebracht hat. Sie besteht in einer Prüfung der Förmlichkeiten und des Inhaltes der Exceptionsschrift, wie überhaupt der Kläger beim Repliciren als Beklagter betrachtet werden muß. Gewöhnlich beschließt der Kläger mit der Replik ausdrücklich das erste Verfahren („er submittirt zum Spruch").

Auf die Replik verhält sich der Richter wie bei den früheren Schriftsätzen. Die Antwort des Beklagten auf die Replik heißt Duplik, mit dieser wird die Sache für geschlossen, d. h. für reif zu einem Erkenntniß erklärt — conclusio causae l 9 C III, 1.

§. 75.

Andere Mittel zur Feststellung des richtigen Sachverhältnisses.

Der Richter ist in jeder Lage des Prozesses berechtigt, die Parteien zu mündlichen oder schriftlichen Erklärungen aufzufordern. Die Parteien dürfen sich gegenseitig artikelweise hingestellte schriftliche Fragen — Positionen — vorlegen.

Der Fragesteller — Ponent — sowie der Gegner — Ponat — müssen dabei den Gefährdeeid — juramentum dandorum et respondendorum — leisten, und die Fragen müssen beantwortet werden, widrigenfalls die betreffenden Thatsachen für zugestanden gelten.

Gewähren diese Mittel kein genügendes Resultat oder ruft erst die Duplik neue Erörterungen hervor, so kann der Richter den Aktenschluß hinausschieben oder aufheben und weitere Verhandlungen durch Duplikationen, Triplikationen 2c. gestatten.

§. 76.

Erstes Urtheil.

Am Schlusse des ersten Verfahrens wird Alles, was jetzt schon zur Entscheidung reif ist, durch ein Dezisivdekret (§. 34.) entschieden. Dies kann durch ein definitives oder ein interloquirendes oder gemischtes Urtheil geschehen.

Das Urtheil beginnt mit den dilatorischen Einreden; entweder der Kläger wird abgewiesen oder dem Beklagten eine bessere Bescheinigung aufgegeben

In Betreff der prozeßhindernden Einreden ist zu unterscheiden ob dieselben begründet und liquide sind oder nicht. Im ersten Falle wird der Beklagte, falls der Kläger sie nicht durch liquide Repliken beseitigt hat, von der Klage entbunden; sind die Repliken illiquide, so muß erst darüber Beweis angeordnet werden. Im letzteren Falle erfolgt Verwerfung der Einrede und Verurtheilung des Beklagten zur Einlassung.

Ein Erkenntniß in der Hauptsache wird jetzt schon gesprochen, wenn nicht der Beklagte wegen hindernder Einreden entbunden ist. Dies Erkenntniß ist entweder entscheidend, wenn alle erheblichen Thatsachen bewiesen sind, oder interloquirend, wenn dies nicht der Fall ist. Der Form nach entspricht das erste Erkenntniß einem jeden Dekret (§. 35). Auf das rubrum folgen die verba decisiva, dispositiva oder formula pronunciandi in solcher Ordnung, daß zunächst die Bestimmungen wegen der dilatorischen Einreden, darauf die über die Haupt- (Vor-) Klage, dann die über die Widerklage getroffen werden.

§. 77.

Abweichungen von dem regelmäßigen Gang des ersten Verfahrens.

I. Wegen Ungehorsams einer Partei.

1. Ist bei peremtorischen Fristen (§. 36.) vor der Einlassung der Kläger ungehorsam, so kann der Beklagte um Freisprechung von der Instanz oder, wenn eine Einlassung erfolgt war, um endliche Lossprechung von der Klage bitten. Ist der Beklagte ungehorsam, so wird auf den Antrag des Klägers eine negative Litiskontestation fingirt. KGO von 1555 III 43 JRA §. 36. und der Beklagte mit den nicht angebrachten Einreden präkludirt.

2. Diese für den Ungehorsam des Beklagten geltenden Grundsätze kommen gegen beide Theile zur Anwendung, wenn eine Einlassung erfolgt war.

II. Wegen des Todes einer Partei.

Der Tod einer Partei im Laufe des Prozesses hat die Wirkung, daß deren Rechtsnachfolger, wenn er Singularsuccessor ist, sich erklären muß, ob er den Prozeß fortsetzen wolle; ist er Universalsuccessor, so bedarf es dieser Erklärung nur im Falle die vorhandene Vollmacht des Verstorbenen nicht die clausula heredum enthält. Erklärt sich der Nachfolger für die Fortsetzung, so heißt dies: Reassumption des Prozesses; erklärt er sich gar nicht, so muß der Gegner um eine citatio ad reassumendum bitten, bleibt diese erfolglos, so wird die bejahende Erklärung fingirt. DA von 1600 §. 73. RA von 1566 §. 88.

Zweites Kapitel.

Beweisverfahren.

§. 78.

A. Einleitung, Begriff und Eintheilungen.

Das Beweisverfahren als selbstständiger Abschnitt des Prozesses kommt vor, so oft die im ersten Verfahren vorgebrachten Thatsachen nicht so weit juristisch gewiß sind, daß ein Endurtheil erfolgen könnte.

Die Reichsgesetze gestatten einen freiwilligen Antritt des Beweises schon im ersten Verfahren — probatio anticipata — wodurch die Partei, welche von dieser Erlaubniß Gebrauch macht, keinerlei Verpflichtung übernimmt JRA §. 35.

Beweis heißt die Handlung einer Partei, wodurch der Richter von der Wahrheit eines streitigen Umstandes juristisch überzeugt werden soll und das Resultat dieser Handlung selbst.

Beweismittel sind Urkunden, Zeugen, richterlicher Augenschein, Sachverständige und Eid. Der Beweis ist:

1) entweder Beweis oder Gegenbeweis, je nachdem er zur Begründung einer Behauptung oder zur Entkräftung bewiesener Umstände geführt wird;
2) entweder ein natürlicher oder ein künstlicher Beweis, je nachdem die richterliche Ueberzeugung als unmittelbares Resultat der Beweishandlung oder durch Schlüsse aus derselben gewonnen werden soll;
3) feierlicher Beweis oder bloße Bescheinigung;
4) vollständiger oder unvollständiger, jenachdem der Richter vollständig überzeugt wird oder nicht.

§. 79.

Beweisinterlokut.

Beweisinterlokut heißt das am Schlusse des ersten Verfahrens abgefaßte Erkenntniß, wodurch die Parteien zu Beweishandlungen aufgefordert werden. In demselben müssen wesentlich folgende Punkte festgesetzt sein:

1) Der Beweissatz — thema probandum — d. h. Bestimmung derjenigen streitigen und thatsächlichen Behauptungen, deren juristische Gewißheit zur Abfassung einer definitiven Sentenz nothwendig ist.

2) Die Beweislast — onus probandi — d. h. Bezeichnung der Person desjenigen, welcher den Beweis zu führen hat. Nach der Regel: semper necessitas probandi incumbit illi, qui agit trifft die Beweislast immer denjenigen, der eine selbstständige Behauptung aufstellt, sei es der Kläger oder der Beklagte. l 19 pr 2. l 21 D XXII 3.

3) Beweisfrist — dilatio probatoria — d. h. Bestimmung des Zeitraums, innerhalb dessen die beweispflichtige Partei alle Beweismittel, die sie in diesem Prozeß benutzen kann und will, dem Gerichte vorlegen solle. Diese Frist wird meist als peremtorische vorgeschrieben und läuft mit dem letzten Tage ab.

Ihr Lauf kann unterbrochen werden:

a) durch Einlegung eines Rechtsmittels gegen die Beweisführung,

b) durch die im Beweisinterlokut der Partei auferlegte Pflicht, gewissen Auflagen nachzukommen, welche nothwendig zuvor erledigt werden müssen.

§. 80.

Wirkungen des Beweisurtheils.

Wenn der Beweispflichtige nicht während der peremtorischen Beweisfrist, vorausgesetzt, daß das Urtheil rechtskräftig ist, den Beweis antritt, so wird er auf den Antrag des Gegners durch ein Präklusivdekret mit der Beweisführung ausgeschlossen. Ein Nachbringen der Beweismittel ist nur dann zulässig, wenn er sie gehörig vorgeschlagen hat und die Benutzung derselben ohne sein Verschulden unmöglich wird.

Wo keine peremtorische Frist festgesetzt ist, welche im gemeinen Recht fehlt, kann der Beweis wiederholt angetreten und bis zum Aktenschluß verändert werden.

§. 81.

Beweis zum ewigen Gedächtniß.

Weist eine Partei nach, daß ihr die Gefahr droht, einen Zeugen oder Sachverständigen, durch welchen sie Beweis führen will, zu verlieren, so ist ihr gestattet, um die Vernehmung desselben schon vor dem Schluß des ersten Verfahrens, sogar vor Einleitung des Prozesses zu bitten. Dies ist die probatio in perpetuam rei memoriam. Der demnächst aufgenommene Beweis verliert aber seine Kraft, wenn der Kläger, welcher ihn bewirkt hat, nicht binnen einem Jahr von der Zeit an, wo er klagen konnte, die Klage wirklich anstellt.

§. 82.

Die Perioden des Beweisverfahrens.

Man kann bei jedem förmlichen Beweisverfahren vier Perioden unterscheiden:

1) die Beweisantretung. Das heißt diejenige Thätigkeit des Beweispflichtigen, wodurch er dem Richter seine Beweismittel speziell und vollständig angiebt. Findet der Richter diese Beweismittel zulässig, so wird dem Gegner die Beweisantretung mitgetheilt;

2) das Produktionsverfahren im weiteren Sinne, dessen Zweck ist, dem Beweisführer — Produzenten — und seinem Gegner — Produkten — Gelegenheit zur Verständigung über die Beweismittel zu bieten. Sind die Einreden gegen die produzirten Beweismittel liquide, so kann ein Urtheil — Produktionserkenntniß — nothwendig sein, während bei illiquiden Einreden dem Produkten seine Rechte vorbehalten werden;

4) das Produktionsverfahren im engeren Sinne, zum Zweck der wirklichen Anwendung der zulässigen Beweismittel. In dem hierzu angesetzten Termine — Produktions- und Reproduktions-Termin — werden die zur Beweisführung dienlichen Handlungen veranlaßt;

4) das Hauptverfahren. Nach dem Schlusse des Produktionsverfahrens wird den Parteien eine peremtorische Frist gestellt, um über die noch schwebenden Beweis-Einreden und den Werth des geführten Beweises zu verhandeln. Der Produkt beginnt mit der Impugnatiomsschrift, worin der Beweis angefochten wird, um seine Bedeutung zu schwächen. Der Produzent erwidert mit der Deduktions- oder Salvationsschrift, worin der geführte Beweis in das vortheilhafteste Licht gestellt wird.

Hierauf folgt das Erkenntniß, auf welches beide Theile am Schlusse der gedachten Schriftsätze submittiren.

B. Die einzelnen Beweismittel.

§. 83.

I. Beweismittel ohne Beweisführung.

Neben denjenigen Mitteln, den Richter von einem relevaten Umstande zu überzeugen, welche eine darauf gerichtete Thätigkeit der Parteien voraussetzen und Beweismittel im engeren Sinne genannt werden können, giebt es auch solche, welche den Richter ohne diese Thätigkeit überzeugen können, nämlich Notorietät, Rechtsvermuthungen und Geständniß.

1) Notorisch heißen Thatsachen, welche für den Richter juristisch gewiß sind ohne daß diese Gewißheit durch eine Beweisführung der Partei herbeigeführt wäre. Man unterscheidet Menschenkundigkeit, Volkskundigkeit und Gerichtskundigkeit. l 213 §. 2 l 223 pr D L, 16 l 9 § 2 D XXII, 6.

2) Rechtsvermuthungen — praesumptiones — sind Schlüsse aus einem aktenmäßig gewissen Umstand auf die juristische Gewißheit eines andern als Folge oder Wirkung des ersteren. l 9 § ult D XXXIV, 5 l 2 D XXII, 3.

3) Geständniß — confessio — ist das Zugeben oder Anführen eines dem Erklärenden nachtheiligen Umstandes tit. D de confecsis XLII, 2. Dasselbe ist:

   a) ein gerichtliches, wenn es in einem bestimmten Prozesse vor dem kompetenten Gericht abgegeben wird. Es setzt voraus, daß der Erklärende freie Dispositionsbefugniß hat, daß es von ihm selbst oder von einem speziell Bevollmächtigten und dem Gegner gegenüber ausdrücklich abgelegt wird. In der Regel ist ein Gegenbeweis gegen das Gestandene nicht zuläßig, sondern es gilt als juristische Gewißheit. Eine besondere Gattung sind die beschränkten Geständnisse — confessiones qualificatae — welche hinsichtlich dessen, was gestanden wird, den unbeschränkten völlig gleich stehen. l 26 § 2 D XVII, 3.

   b) ein außergerichtliches, wenn die Eigenschaften ad a nicht vorhanden sind. Die Beweiskraft eines solchen Geständnisses richtet sich nach den Umständen, namentlich danach, ob die Absicht, gestehen zu wollen, bewiesen ist. Hier findet ein Gegenbeweis statt. l 25 § 4 D XXII, 3.

§. 84.

II. Beweismittel, welche eine Beweisführung voraussetzen.

A. Zeugen.

tit. D de testibus XXII, 5. C IV, 20 tit. X, II, 20.

Zeuge ist jede beim Prozeß nicht betheiligte Person, welche die juristische Ueberzeugung des Richters durch Mittheilung ihrer Sinnenwahrnehmung über bestrittene Thatsachen herbeiführen soll. Alle Zeugen sind entweder klassische oder unfähige oder verdächtige:

1) testis classicus, omni exceptione major heißt der Zeuge, dessen Glaubwürdigkeit durch Nichts geschwächt wird;
2) testis inhabilis ist der Zeuge, von dem eine richtige Wahrnehmung oder eine unverfälschte Mittheilung nicht zu erwarten ist, und der daher gar nicht abgehört werden darf.
   a) Absolut unfähig sind Alle, welche die zur Wahrnehmung erforderlichen Sinne oder Geisteskräfte nicht haben, Rasende, Wahnsinnige, Taube, Stumme, Blinde — sowie diejenigen, welche das Gesetz für unfähig erklärt: Eidesunmündige, Ehrlose, Huren, Bestochene. § 8 J III 29 l 3 § 5 l 19 § 1 D pt l 20 § 5 6 D XXVIII, 1 l 3 § 5 D h. t.
   b) Bedingt unfähig werden Zeugen durch nahe Verwandtschaft und tödtliche Feindschaft mit einer Partei, durch Amtsverhältnisse und unmittelbares Interesse am Ausfall des Streits.
3) testis suspectus heißt der, dessen Wahrnehmungsvermögen und Glaubwürdigkeit in gegründeten Zweifel gezogen werden kann, z. B. Trunkenbolde, Seitenverwandte bis zum achten Grade, Personen, die zur Zeit des Zeugnisses im Dienste des Beweisführers stehen, vertraute Freunde desselben sowie Feinde des Produkten u. s. w. Verdächtige Zeugen müssen abgehört werden, da ihre Aussage wenigstens eine Vermuthung begründen kann.

Die Glaubwürdigkeit der Zeugen wird außerdem dadurch bedingt, daß sie vor ihrer Vernehmung vereidigt werden, Nov 123 C 7 l 9 C h. t. und zur Herstellung der juristischen Gewißheit bedarf es der Uebereinstimmung von wenigstens zwei Zeugen. l 20 D XLVIII, 18.

§. 85.

1. Beweisführung durch Zeugen.

Nach römischem, älterem kanonischen und deutschen Recht geschah die Vernehmung der Zeugen in Gegenwart der Parteien, welche selbst Fragen an sie stellen durften. l 14. 19. C h. t. Cap 2 X, II, 20.

Das neuere kanonische Recht hielt die Gegenwart der Zeugen für nachtheilig. Clem. 2 II, 8 und auch hier ist Schriftlichkeit an die Stelle der Mündlichkeit getreten.

1) Die Beweisantretung beim Zeugenbeweise geschieht durch zwei getrennte Schriftsätze, welche innerhalb der Beweisfrist gleichzeitig eingereicht werden müssen:

a) die Beweisartikel — Weisungssätze — articuli, capituli — d. h. eine Anleitung zur Vernehmung der darin zu benennenden Zeugen — demoninatio testium cum directorio — in Form einzelner Fragen über die im Beweissatze enthaltenen Thatsachen.

b) Das Präsentationsschreiben — Beweisantretungsschrift — worin um Abhörung der Zeugen, um Mittheilung der Beweisartikel an den Produkten und um Vorladung des letztern zum Produktionstermine gebeten wird.

Der Richter prüft die Beweisantretung und erläßt je nach dem Resultat dieser Prüfung ein Dekret, welches die Beweisantretung ganz oder theilweise verwerfen oder Verbesserungen anordnen oder den Produktionstermin anberaumen kann.

§. 86.

2. Produktionsverfahren.

Der Produkt hat das Recht auf die Aufforderung des Richters Fragestücke -- interrogatoria — d. h. einen Schriftsatz einzureichen, der eine Kritik der Beweisantretung enthält. Sind seine dagegen vorgebrachten Einreden liquide und so erheblich, daß sich eine gänzliche Verwerfung des angetretenen Beweises erwarten läßt, so kann sich der Produkt auf den Vortrag dieser Einwendungen mit der Bitte um Verwerfung der Beweisantretung beschränken. Sind die Einreden aber nicht so beschaffen, so reicht der Produkt die Fragestücke unter ausdrücklichem Vorbehalt des Rechts auf jene Einwendungen mit der Bitte ein: die Zeugen auch über diese zu vernehmen. Zugleich kann er um Zuziehung eines Notars bitten und den Gegenbeweis antreten. Cap 19 X II, 19 Cp 31, II 20. Cp 1. II 25.

Auf erhebliche Einreden des Produkten muß der Produzent gehört und darüber erkannt werden. Bis dahin bleibt das Beweisverfahren ausgesetzt. Andernfalls wird die Beweisaufnahme eingeleitet.

Im Produktionstermin stellt der Produzent die Zeugen dem Richter vor mit der Bitte, sie zu vereidigen und abzuhören. Hierauf geschieht die Vereidigung sämmtlicher Zeugen in Gegenwart der Parteien, das Verhör aber in deren Abwesenheit mit jedem Zeugen einzeln, zunächst über die allgemeinen Fragestücke, d. h. diejenigen, welche die Person der Zeugen in Bezug auf ihre Glaubwürdigkeit betreffen, dann über die Artikel und hinter jedem derselben über die Fragestücke. In derselben Ordnung werden die Antworten niedergeschrieben und zuletzt die Zeugen zum Schweigen bis zur Eröffnung des Rotuls angewiesen.

Der rotulus examinis testium ist eine vom Richter am Schluß des Zeugenverhörs abzufassende Schrift mit dem Nachweis über die Förmlichkeiten dieser Handlung und den Aussagen der Zeugen. Sie wird versiegelt bei den Akten aufbewahrt und auf den Antrag einer Partei in einem besondern Termin eröffnet, es müßte denn dagegen protestirt werden, weil der Produzent den geführten Beweis verändern oder der Produkt den Gegenbeweis durch Zeugen führen will.

3. Hauptverfahren (siehe §. 82. Nr. 3).

In dem Dekrete, welches den Parteien den Rotulus mittheilt, wird eine Frist zur Einreichung der Impugnations- und Salvationsschrift bewilligt, dann folgt das Erkenntniß.

§. 87.

B. Urkundenbeweis.

Tit. D. de fide instrumentorum XXII, 4. Cod. IV, 21. tit. X, II, 22.

I. Begriff, Arten und Beweiskraft der Urkunden.

Urkunden im weitern Sinne — instrumenta — kann man alle Dinge nennen, welche zur Ueberzeugung des Richters von einer gewissen Thatsache führen sollen, im engern Sinne aber sind Urkunden die durch menschliche Thätigkeit erzeugten schriftlichen Beweisstücke — documenta — im Gegensatz von monumenta, bei welchen die Erzeugung durch menschliche Thätigkeit fehlt, l. 1. D. l. 15. 18. C. h. t.

Alle Urkunden im engern Sinne sind:

a) öffentliche — documenta publica s. authentica — wenn sie von einer mit öffentlichem Glauben versehenen Person über Verhältnisse ihres Ressorts legal abgefaßt sind, z. B. gerichtliche Protokolle, Notariats-Instrumente, Steuer-Bücher, Hypothekenbücher, Pfarrbücher;
b) Privat-Urkunden, documenta privata, welche von einer Privatperson ausgestellt sind.

Fehlerhaft kann eine Urkunde sein — calumniosa sciptura:

a) formell, wegen Vernachlässigung der gesetzlichen Form oder unverständlicher Fassung oder wegen Spuren der Verfälschung;
b) materiell, wenn sie auf eine andere Urkunde Bezug nimmt, ohne den Inhalt derselben in sich aufzunehmen — documentum referens — im Gegensatz des documentum relatum; wenn ein Schuldschein den speziellen Grund der Verpflichtung — causa debendi — nicht enthält — documentum indiscretum, ferner wegen eines Widerspruchs.

Die Beweiskraft der Urkunden häugt ab:

a) von ihrer Gültigkeit — fides documenti; diese beruht auf dem Vorhandensein der legalen Form und der Merkmale des Geschäfts, welches Gegenstand der Urkunde ist;
b) von ihrer Aechtheit — veritas documenti, d. h. sie muß von dem augeblichen Aussteller wirklich herrühren;
c) von ihrer Glaubwürdigkeit, d. h. davon, daß der Aussteller die gesetzlich nothwendigen Eigenschaften für die Ausstellung hatte.

Sind diese Voraussetzungen vorhanden, so gründen öffentliche Urkunden vollen Beweis für und gegen Jeden; Privat-Urkunden dagegen beweisen nur gegen den Aussteller und die an seinen Willen gebundenen Personen, für ihn beweisen sie nur, wenn sie zweiseitig sind, der Gegner sich darauf berufen hat, oder spezielle Gesetze ihnen diese Eigenschaft beilegen, z. B. den Handels- und Lotteriebüchern.

§. 88.

II. Edition der Urkunden.
tit. D. de edendo II, 13. Cod. II, 1.

Beide Parteien sind verpflichtet, eine der Andern diejenigen Urkunden zu ediren, welche diese zur Führung des Gegenbeweises braucht, außerdem muß der Kläger bei eingeklagten Geldforderungen seine Geschäftsbücher und der Beklagte dem Fiskus gegenüber sowie wenn er des Zinswuchers beschuldigt wird, die betreffenden Urkunden ediren. Clem. un. §. 1. V, 5. l. 3. D. h. t.

Jeder dritte ist zur Urkunden-Edition insoweit verpflichtet, als er zum Zeugniß gezwungen werden könnte; doch darf ihm daraus kein Nachtheil entstehen und die Urkunde nicht gegen den Fiskus benutzt werden.

Das Editionsgesuch muß enthalten:

a) eine genaue Beschreibung der Urkunde;
b) den Nachweis, daß der Edent die Urkunde besitzt;
c) den Rechtsgrund, aus welchen man die Edition fordert;
d) den Nachweis, daß man bei dieser Edition wirklich interessirt ist.

Ist das Gesuch gegen die Partei gerichtet, so wird es einer andern Prozeßschrift angehängt; gegen den dritten aber kommt es zu einem besondern Verfahren.

Leugnet der Gegner oder dritte den Besitz, so muß er den Editionseid schwören; stellt er seine Pflicht zur Edition in Abrede, so muß der Richter darüber erkennen. Verweigert der Gegner die Edition ohne Grund, so wird die durch die Urkunde zu beweisende Thatsache für zugestanden erachtet. Geschieht dies von dem dritten, so muß er dem Imploranten (Gesuchssteller) den von ihm eidlich zu bestimmenden Schaden ersetzen.

§ 89.

III. Verfahren beim Urkundenbeweis.

1. Beweisantretung.

Die Antretung des Urkundenbeweises — inductio documentorum — geschieht durch die schriftliche Erklärung des Produzenten, innerhalb der Beweisfrist, daß er durch die Urkunden, welche er wenigstens in Abschrift beilegen muß, den Beweis zu führen gedenke. Dabei kann er Beweisartikel überreichen. Das Gesuch muß dahin gehen, einen Termin zur Vorlegung der Originale unter Zuziehung des Produkten anzusetzen.

Die Verfügung des Richters auf dieses Gesuch geschieht ganz wie beim Zeugenbeweis (§. 85. am Schluß). Ist die Beweisantretung nicht ganz verwerflich, so wird sie dem Produkten mitgetheilt, und dieser zu einem Termin zu seiner Vernehmlassung peremtorisch vorgeladen.

§. 90.

2. Produktionsverfahren.

Auch das Vertheidigungsrecht des Produkten und das Verfahren dabei entspricht demjenigen beim Zeugenbeweis (§. 86.).

Das eigentliche Produktionsverfahren hat hier vorzüglich den Zweck, die Aechtheit der Urkunden herauszustellen. Hierzu sind alle Beweismittel im weiteren Sinne mit Einschluß der Notorietät, der Rechtsvermuthungen und des Geständnisses brauchbar. Das letztere führt hier den technischen Namen der Anerkennung, die bei öffentlichen Urkunden Agnition, bei Privat-Urkunden Rekognition heißt. Für öffentliche mit den gesetzlichen Merkmalen der Richtigkeit versehene Urkunden streitet in Bezug auf Richtigkeit ihres Ursprungs und Wahrheit des Inhalts die Vermuthung so lange, bis das Gegentheil bewiesen ist (§. 117.).

Es bedarf daher weder einer ausdrücklichen Agnition Seitens des Produkten, noch wird der Werth der Urkunde durch bloßes Leugnen geschwächt.

§. 91.

3. Insbesondere bei Privat-Urkunden.

Die Aechtheit einer Privat-Urkunde dagegen muß immer bewiesen werden. Dies geschieht namentlich:

a) durch das Zugeständniß des Produkten. Rekognoscirt er die Urkunde, ohne eine bestimmte Erklärung abzugeben, so kann eine solche durch konkludente Handlungen geschehen — recognitio tacita. Leugnet er aber die Aechtheit, so muß die Erklärung zwar ausdrücklich sein, kann aber fingirt werden — recognitio ficta;
b) durch den Diffessionseid, wonach dem Produkten, der die Aechtheit der Urkunde ausdrücklich leugnet, auf Verlangen des Produzenten durch den Richter aufgegeben wird, die Umstäude zu beschwören, woraus die Unächtheit hervorgehen soll. Wenn dieser Eid, der nicht zurückgeschoben werden kann, verweigert wird, so gilt die Urkunde für rekognoscirt, während der geschworene Eid ihr alle Beweiskraft nimmt;
c) durch einen freiwilligen Hanpteid des Produzenten, Nov. XVIII, Cap, 8.;
d) durch Zeugen, seien es diejenigen, welche bei Ausstellung der Urkunde zugezogen worden sind — probatio veritatis documenti per testes, oder andere, z. B. solche, welche bezeugen, daß die ihnen vorgelegte Handschrift mit den ihnen bekannten Schriftzügen des Produkten übereinstimmt — recognitio per testes;
e) durch comparatio literarum, d. h. Vergleichung der Urkunde mit einer andern unzweifelhaft vom Produkten herrührenden, durch Schreibverständige. Dabei muß der Produzent den Gefährdeeid schwören, l. 16. l. 20. 21. Cod. IV, 21.

4. Hauptverfahren.

Hier findet nur die Abweichung von dem Verfahren beim Zeugenbeweise Statt, daß ein Rotulus und Schriftenwechsel nicht immer nothwendig ist.

§. 92.

C. Beweis durch richterlichen Augenschein.

Als Beweismittel, d. h. nicht blos als ein Mittel zur Herstellung klarer Vorstellungen über wichtige Thatumstände, welches anzuwenden dem Richter in jeder Lage des Prozesses erlaubt ist, kommt der richterliche Augenschein erst dann in Betracht, wenn eine Partei ausdrücklich erklärt, daß sie dadurch das Beweisthema feststellen wolle.

Auch hier muß der Richter eine Prüfung des ihm angezeigten Beweismittels vornehmen, worauf ein Termin zur Einnahme des Augenscheins angesetzt wird. Auch ein Produktionsverfahren über die Zulässigkeit dieser Beweisführung sowie ein Wechsel von Disputirsätzen ist denkbar.

§. 93.

D. Beweis durch Sachverständige.

Sachverständige, d. h. Personen, welche anerkannt die erforderliche Kenntniß besitzen, um eine Thatsache technisch zu beurtheilen, sind überall nothwendig, wo die Rechtskenntnisse nicht ausreichen.

Hinsichts der Glaubwürdigkeit werden auf die Sachverständigen die Regeln von Zeugen angewandt, über den Werth derselben dagegen entscheidet der Inhalt des von ihnen abzugebenden Gutachtens, so daß bei einer Kollision von Gutachten die Zuziehung anderer Sachverständigen nothwendig ist.

§. 94.

Beweisführung dabei.

1. Die Beweisantretung geschieht durch bestimmte Angabe der Sachverständigen und der Punkte, worüber dieselben nrtheilen sollen. Das Gesuch ist auf Ansetzung eines Termins zur Beeidigung gerichtet und auf Vorladung der Sachverständigen und des Gegners dazu. Der Richter prüft die Beweisantretung, theilt sie dem Produkten zur Wahrnehmung seiner Rechte und zum Vorschlag seiner eigenen Sachverständigen mit und verordnet die nöthigen Ladungen.

2. Beim Produktionsverfahren ist Regel, daß die Parteien nicht in besondern Schriftsätzen, sondern durch mündliches Rezessiren zu Protokoll sich aussprechen und darüber durch ein Protokollardekret entschieden wird.

3. Der Produktionstermin beginnt mit der Vereidigung der Sachverständigen. Das weitere Verfahren wird durch folgende Grundsätze bestimmt:

a) die Sachverständigen müssen sich untereinander und mit den Parteien bereden;
b) sie dürfen um Bedenkzeit zu ihrem Gutachten bitten;
c) das Gutachten muß motivirt und ein Theil der Akten werden, indem es entweder zu Protokoll gegeben oder schriftlich eingereicht wird.

4. Das Gutachten wird den Parteien zum Hauptverfahren mitgetheilt.

§. 95.

E. Beweis durch den Eid.

1. Begriff und Arten.

tit. D de iureiurando sive volunt. sive necess. s. iudic. XII, 2 Cod de reb. credit. et iureiur. IV, 1 tit. de iureiur. X, II, 24 in 6to II, 11 Clem. II, 9.

Eid im weitern Sinne heißt Bekräftigung einer Erklärung durch Anrufung eines allgemein oder dem Erklärenden heiligen Gegenstandes; im engeren Sinne eine Betheurung durch Anrufung Gottes als Zeugen der Wahrheit und Rächer der Unwahrheit. Der Eid ist:

1) iuram. promissorium, wenn er zur Bestärkung einer Verbindlichkeit abgelegt wird;
2) iuram. assertorium, wenn die Wahrheit einer Aussage bekräftigt werden soll; dieser ist:
   a) iuram. de veritate, wenn er über die Wahrheit,
   b) iuram. de scientia vel de ignorantia, wenn er über das Wissen oder Nichtwissen,
   c) Glaubenseid, iuram. de credulitate, wenn er über das Glauben abgelegt wird;
3) iuram. delatum s. voluntarium, wenn die Parteien übereinkommen, die Entscheidung von dem Eid abhängig zu machen;
4) iuram. in litem, wenn der Beweisführer den Beweis durch einen eigenen Eid führt;
5) iuram. necessarium, welchen der Richter einer der Parteien auferlegt und zwar:
   a) als iuram. suppletorium, den der Produzent bei unvollständig geführtem Beweise zur Ergänzung desselben zu schwören hat;
   b) als iuram. purgatorium, wodurch sich der Produkt von dem durch den unvollständigen Beweis begründeten Verdacht befreien soll. cf. §. 100.

§. 96.

2. Vom zugeschobenen Eid.

Als Consequenz der römischen Ansicht von diesem Eide, wonach er als Vergleichsmittel benutzt wurde, erscheinen die Grundsätze:

1) daß wegen der Nothwendigkeit der Veräußerungsfähigkeit unfähig zur Eideszuschiebung sind: Kinder, Wahnsinnige und Verschwender, während Frauenzimmer und Minderjährige der Zustimmung des Vormundes bedürfen;

2) daß nur über solche Gegenstände eine Eideszuschiebung zulässig ist, auf welche die Parteien gültig verzichten können.

a) Beweisantretung.

Diese geschieht durch das ausdrückliche Verlangen des Produzenten — Deferenten — daß der Gegner — Delat — die Unwahrheit einer relevanten Thatsache eidlich versichern solle. Das Gesuch geht dahin: Dem Gegner die Erklärung über die genaue und bestimmte Eideszuschiebung aufzugeben.

b) Produktionsverfahren.

Von der Willkür des Delaten, welchem auch freisteht, noch jetzt die zu beweisenden Thatsachen einzuräumen, hängt es ab, den Eid anzunehmen oder zurückzuschieben oder sein Gewissen zu vertreten, d. h. den Beweis des Gegentheils der klägerischen Behauptung auf jegliche zulässige Weise zu führen — probatio pro exoneranda conscientia; erklärt er sich gar nicht, so wird sein Eingeständniß fingirt.

Mit der Annahme des Eides — acceptatio iuramenti, d. h. der bestimmten Erklärung des Delaten, den Eid leisten zu wollen, können Bemerkungen über die Eidesformel, über den Ort der Ableistung u. s. w. verbunden werden.

Bedient sich der Delat der Zurückschiebung des Eides — relatio juramenti — d. h. erklärt er, die Wahrheit des bezüglichen Umstandes von dem Eid des Deferenten — Relaten — abhängig machen zu wollen, so kömmt es möglicherweise zu einem Incidentverfahren über die Zulässigkeit der Zurückschiebung, da die Verpflichtung nnd Fähigkeit des Deferenten zur Ableistung des Eides zweifelhaft sein kann. Weigert sich der Deferent ohne Grund den Eid zu leisten, so wird er beweisfällig, er müßte denn innerhalb der Frist anderen Beweis antreten; hat er das letztere gethan, so kann er auf den Eid nicht wieder zurückgehen.

§. 97.

3. Beweisaufnahme und Beendigung des Verfahrens.

Ist der Eid angenommen oder zurückgeschoben, so entwirft der Richter die Eidesformel, theilt sie den Parteien zum Anbringen von Erinnerungen mit und setzt einen Termin an zur Ableistung des Eides, resp. d. h. für den Gegner, zum Schwörensehen.

Im Schwörungstermine wird die Eidesformel vorgelesen, vor dem Meineid gewarnt und sodann der Eid unter Beobachtung der gesetzlichen Förmlichkeiten, nach den Worten der Formel abgenommen.

Durch die Ableistung des Eides wird voller Beweis geführt. Dasselbe tritt ein, wenn der Gegner dem Acceptanten den Eid erläßt.

Ein Hauptverfahren kommt bei dieser Beweisführung nicht vor, den Parteien wird aber auf ihr Verlangen das im Schwörungstermine aufgenommene Protokoll abschriftlich mitgetheilt. Die endliche Entscheidung geschieht in Form eines Protokollarbescheides.

§. 98.

4. Vom Schätzungseid.

tit. D de in litem jurando XII, 3 Cod. V, 53.

Dieser vom Beweisführer selbst zum Zweck der Abschätzung eines erlittenen Schadens abzuleistende Eid setzt voraus:

a) Beschädigung durch dolus oder culpa lata des Gegners;
b) Zulassung durch den Richter, welcher ihn aus Gründen verweigern, ein maximum, über welches hinaus nicht geschworen werden darf, festsetzen oder das Beschworne ermäßigen kann.

Nach einer Verordnung des Kaisers Zeno — 1 9 Cod VIII, 4 soll der, welcher beweist, daß er Gewalt erlitten hat, im Fall er den Verlust und den Betrag des Verlornen nicht auf andere Art beweisen kann, zum Schätzungseide gelassen werden iuramentum zenonianum. — Dies soll auch bei culpa levis des Beschädigers statt finden, wenn der Betrag des Schadens anderweitig nicht zu erweisen ist — iuramentum quantitatis.

§. 99.

Mittel zur Ergänzung eines mangelhaften Beweises.

Fällt das Resultat der richterlichen Prüfung des geführten Beweises dahin aus, daß hinreichende Gründe für die juristische Wahrheit des Beweissatzes vorliegen, so heißt der Beweis vollständig, fehlt dagegen etwas an diesem Resultat, so heißt der Beweis unvollständig und führt daher die Nothwendigkeit einer Ergänzung des Fehlenden herbei. Dazu giebt es verschiedene Mittel:

1) Der Richter kann, wenn kein peremtorischer Beweistermin vorgeschrieben war, der beweispflichtigen Partei einen besseren Beweis aufgeben.
2) Bei peremtorischen Beweisterminen können in Folge ertheilter Restitution noch andere Beweismittel zugelassen werden.
3) Es kann nachträglich der Augenschein eingenommen oder eine sachverständige Untesuchrung erfordert werden.
4) Es kann ein Eid auferlegt werden.

§. 100.

Nothwendige Eide.

Wenn die im vorigen § ad 1—3 aufgeführten Mittel die Unvollständigkeit des Beweises — causa dubia, inopia probationum — nicht heben, so soll der Richter von Amtswegen auf einen nothwendigen Eid erkennen. Dieser ist ein iuramentum suppletorium — Erfüllungs-, Ergänzungseid — für den Produzenten, wenn derselbe mehr als einen halben Beweis, ein iuramentum purgatorium, Reinigungseid, für den Produkten, wenn jener weniger als halben Beweis beigebracht hat. Ist der Beweis gerade halb, so muß das richterliche durch die Umstände geleitete Ermessen den Ausschlag geben. Zugleich in dem Erkenntnisse auf den nothwendigen Eid muß der Richter Bestimmungen für den eventuellen Fall der Leistung oder Nichtleistung desselben treffen. I 11 D VII, 45. Ist dies Endurtheil rechtskräftig, so bittet die Partei, der daran liegt, um einen Schwörungstermin. Die schwurpflichtige Partei muß unbedingt schwören, widrigenfalls das Gegentheil von dem, was beschworen werden soll, angenommen wird.

§. 101.

Grundsätze bei kollidirenden Beweisgründen.

Wenn Beweise kollidiren, d. h. wenn mehrere für den Beweis derselben Thatsache benutzte Beweisgründe sich in derselben Beziehung widersprechen, so muß sich der Richter durch folgende Grundsätze leiten lassen:

1) kollidirende Beweise in Bezug auf Beweismittel derselben Klasse heben sich auf, wenn Beweiskraft und Beweisgrund gleich stark sind;
2) findet die Collision in Bezug auf Beweismittel verschiedener Klassen Statt, so gelten folgende Regeln:
   a) handelt es sich um die Eigenschaft einer Sache, so hat der Beweis durch Sachverständige den absoluten Vorrang;
   b) sollen historische Thatsachen wahrgenommen werden, so hat der Augenschein den Vorzug vor dem Eid, dieser vor den Zeugen; diese gehen den übrigen Beweismitteln vor;
   c) Vermuthungen, seien sie richterliche — praesumptiones hominis — oder Rechtsvermuthungen — praesumptiones iuris — stehen allen andern Beweismitteln nach, es müßte denn ein Gegenbeweis gegen sie unmöglich sein;
   d) Zeugen und Urkunden stehen an sich in gleicher Reihe, doch sollen bei öffentlichen Abgaben die öffentlichen Bücher den Zeugen, und in andern Fällen die Instrumentszeugen

dem Instrumente selbst vorgehen und eine Urkunde durch Zeugenbeweis entkräftet werden können. 1 10 D XXII, 3 1 15 D IV, 21, § 12 J III, 10.

Zweiter Abschnitt.

Vom Verfahren im summarischen Prozeß.

§. 102.

Begriff und Geschichte.

Der ordentliche und regelmäßige Gang des Verfahrens im ordentlichen Prozesse, welcher auf die möglichste Vollständigkeit in der Feststellung der Rechtsansprüche gerichtet ist, erleidet eine Modifikation in Fällen, wo eine abgekürzte Verhandlung dasselbe Resultat oder die Unvollständigkeit größern öffentlichen Vortheil als die Vollständigkeit verspricht. Gesetz und Gerichtsgebrauch gestatten deshalb ein außerordentliches Verfahren, dessen Eigenthümlichkeit überhaupt darin besteht, daß nach dem Bedürfniß des Falles von dem ordentlichen Gange abgewichen werden darf. Dazu dient der summarische (außerordentliche) Prozeß.

Schon das ältere römische Recht kennt extraordinariae cognitiones (siehe §. 64) welche Diokletian zur Regel erhob (§. 6).

Im kanonischen Rechte fand der summarische Prozeß in den päpstlichen Delegationen (§. 10) seine Hauptstütze. Dazu gehörten nicht nur die Fälle, wo simpliciter et de plano ac sine strepitu iudicii et figura prodezirt werden sollte Clem. de iudicis II, 1 sondern es wurden auch allgemeine Grundsätze des Verfahrens aufgestellt. Clem. 2 de verb. signif. V, 11.

Auch im ältern deutschen Verfahren wurden Fälle ausgezeichnet, wo das Gericht ohne die gewöhnliche Form gehegt wurde. Die Reichsgesetze endlich unterschieden artikulirte und nicht artikulirte (Summari-)Klagen und daneben Fälle, in welchen summarisch verfahren werden sollte — causae extraordinariae KGO von 1500 Tit. 21, von 1555 II, 21 § 3. RA von 1570 § 8. Die Sache wurde durch die Landesgerichtsorduungen weiter fortgebildet: man entlehnte dem römischen Rechte die Ausdrücke: summarisches Verfahren 1 3 § 9 D X, 3 1 3 § 4 XXXVII, 10 1 40 D IX, 2 Imploration für Klage, Implorant für Kläger, Implorat für den Beklagten.

§. 103.

Allgemeine Grundsätze und Eintheilungen.

1) Die Einleitung einer summarischen Prozedur muß aus dem Gesetz oder Gerichtsgebrauch oder der Uebereinkunft der Parteien zu rechtfertigen sein.
2) Die wesentlichen Stücke des Prozeßverfahrens dürfen auch im summarischen nicht fehlen.
3) Im summarischen Prozeß genügt oft, wenigstens vorläufig, Wahrscheinlichkeit statt juristischer Gewißheit.

Der summarische Prozeß ist:

1) unbestimmter — processus summarius indeterminatus — wenn sich die Prozedur blos durch verminderte Förmlichkeiten von der ordentlichen unterscheidet;
2) bestimmter — processus summarius determinatus — wenn die Abweichung vom ordentlichen Verfahren sich nach bestimmten Regeln richtet.

Erstes Kapitel.

Unbestimmter summarischer Prozeß.

§. 104.

Allgemeine Grundsätze.

1) Da der unbestimmte summarische Prozeß seiner Natur nach am meisten mit dem ordentlichen übereinstimmt, so werden hierbei illiquide Einreden und nicht schleunige Beweismittel zugelassen.
2) Die Verhandlung ist regelmäßig mündlich zum Protokoll.
3) Der Richter darf zur Aufklärung der Sache inquisitorisch verfahren.
4) Die Eröffnung des ersten Verfahrens setzt nicht nothwendig ein förmliches Klagelibell voraus, sondern kann mündlich zum Protokoll geschehen. Der Implorat muß mit seiner Vertheidigung gehört und müssen auch alle im ordentlichen Prozeß brauchbare Einreden zugelassen werden. Das erste Urtheil wird häufig als Protokollarbescheid erlassen.
5) Das Beweisverfahren wird oft dadurch modifizirt, daß die Parteien den Beweis mit dem ersten Verfahren verbinden, und heißt hier Bescheinigung. Die Beweisführung muß durch kürzere Termine beschleunigt werden. Ein Zeugenrotulus wird gewöhnlich nicht angefertigt und ein Hauptverfahren nur zu-

gelassen, wenn ein Beweismittel an geringer Beweiskraft leidet. Sonst gelten hier, wie

6) bei der Urtheilsfällung die für den ordentlichen Prozeß vorgeschriebenen Regeln.

§. 105.

Zulässigkeit.

Die Fälle, in welchen nach den im §. 102 erwähnten Rechtssystemen der summarische Prozeß zulässig war, sind:

1) alle präparatorische, Präduzial und Incidentpunkte. l 3 § 9. 13 D X, 4 l 15 § 4 D XLII, 1. KGO von 1555 III 3 § 1—3, 9—11;
2) geringfügige (Bagatell-) Sachen Nov 17 cap 3; Alimentensachen l 5 § 8. 12 D XXV, 3 KGO von 1555, III 3 § 12; Gränz- und Bausachen § 6 J IV, 17 l 8 § 1 l 11. 12. D. X, 1. l. 21. §. 1. D. XXXIX, 1.; Gesindesachen, Pacht und Miethssachen, tit. D. de migrando XLIII, 32.;
3) Streitigkeiten der Reisenden, Studirenden, mitleidswerthen Personen;
4) viele Zwischenhandlungen im ordentlichen Prozeß.

§. 106.

5. Provocatio ad agendum.

Wenn Jemand einen Schaden um deshalb zu befürchten hat, weil eine Klage gegen ihn nicht angestellt wird, oder weil eine unwahre Behauptung über ihn verbreitet worden ist, so hat er nach den Reichsgesetzen das Recht auf Anstellung der Klage zu dringen. R. A. von 1550 §. 93., K. G. O. von 1531 §. 35., R. A. von 1532 Art. 3. §. 2., J. R. A. §. 83.

Diese Befugniß wird seltsamer Weise aus l. 5. Cod. de ingenius manumissis VII, 19. und l. 28. D. de fideiussoribus XLVI, 1. abgeleitet und man nennt sie darnach die provocatio ex lege „diffamari“ (Anfangsworte der ersteren lex) und ex lege „si contendat“ (Anfangsworte der letzteren lex).

Die Provokationsprozesse setzen eine Privatladung voraus und es soll durch sie ermittelt werden, ob ein bestimmter Provokat genöthigt werden könne, eine Klage anzustellen und wie er im Unterlassungsfalle zu bestrafen sei. Der Gerichtsstand für diese Prozesse ist das forum, in welchem die Hauptklage angebracht werden müßte und als Provokat gilt der, welcher in der Hauptsache klagen soll.

Der Provokationsprozeß äußert als ein vorbereitendes Verfahren auf den Prozeßgang der Hauptsache keinen Einfluß; diese wird dadurch nicht rechtshängig und die Verjährung der Hauptklage nicht unterbrochen.

§. 107.

a) Provocatio ex lege diffamari.

Anlaß zu dieser Art der Provokation giebt der Diffamant dadurch, daß er sich eines Anspruchs an den Diffamaten berühmt, oder solche nachtheiligen Gerüchte über ihn verbreitet hat, auf deren Grund der Diffamant möglicherweise eine Klage anstellen könnte. Hier geht der Antrag des Provokanten, welcher die Diffamation bescheinigt hat, dahin: dem Diffamanten aufzugeben, sich über die Diffamation zu erklären, demnächst aber entweder sein behauptetes Klagerecht binnen einer gewissen Frist geltend zu machen oder ewig still zu schweigen.

Der Richter theilt den Antrag dem Provokaten unter der Verwarnung mit, daß im Falle er sich nicht darüber erkläre, die Diffamation für zugestanden angesehen werden würde. Erklärt der Provokat:

a) daß er keinen Anspruch gegen den Provokanten behaupte, so kann ein ihm Stillschweigen auferlegendes Urtheil abgefaßt werden;

b) daß er die Klage anstellen wolle, so wird ihm dazu eine Frist unter dem Präjudiz des Verlustes gestellt;

c) daß er die Diffamation oder die Zuläßigkeit der Provokation bestreite, so kommt es zur Verhandlung, die durch ein Dekret abgeschlossen wird.

Erklärt sich der Provokat nicht, stellt er auch die Hauptklage nicht an, so wird ihm aufgegeben, binnen bestimmter Frist zu klagen oder ewig still zu schweigen.

§. 108.

b) Provocatio ex lege si contendat.

Diese setzt voraus, daß der Provokant Gefahr läuft, seine einer gewissen Klage entgegenstehenden Einreden zu verlieren, falls dieselbe später angestellt werden sollte. Das Gesuch geht hier darauf, die Provokation dem Provokaten mitzutheilen und ihm die Anstellung der Klage binnen einer gewissen Frist aufzugeben, widrigenfalls dem Provokanten diejenigen Vortheile erhalten werden würden, welche derselbe gehabt hätte, wenn die Klage sofort angestellt wäre. Das Verfahren ist dasselbe wie bei der andern Provokation.

§. 109.

6. Rechnungsprozesse.

Der Rechnungsprozeß besteht in der Verhandlung über eine wirklich vorgelegte Rechnung, um deren Richtigkeit gerichtlich zu prüfen und durch Urtheil festzustellen. Angreifender Theil ist derjenige, welchem an diesem Verfahren gelegen ist, sei es der Rechnungssteller, sei es der Rechnungsempfänger. Zu diesem Zweck bringt der Kläger unter Vorlegung der Rechnung seine Ansprüche aus der Geschäftsführung des Gegners vor, zugleich mit den über die Rechnung anzubringenden Erinnerungen — monita, — falls er der Geschäftsherr (Rechnungsempfänger) ist. Das Gesuch nebst Rechnung und Erinnerungen wird dem Beklagten zur Vertheidigung mitgetheilt.

Ist durch solche Wechselhandlungen jeder einzelne Punkt der Rechnung hinlänglich festgestellt, so erfolgt das Urtheil, gegen welches die gewöhnlichen Rechtsmittel ohne besondere Eigenthümlichkeit zulässig sind.

§. 110.

7. Besitzprozesse.

(Siehe §. 56.)

Das alte römische Interdiktverfahren fiel weg mit dem Untergange des ordo judiciorum, aber das Recht der Interdikte blieb, und das neuere römische Recht fordert namentlich bei possessorischen Interdikten eine schleunige Rechtshülfe, l. 14. C. XI, 47. l. 3. C. III, 6. l. 1. C. VIII, 5. l. 11. C. VIII, 4.

a. Possessorium ordinarium.

Das theils auf römisches, theils auf kanonisches Recht §. 4. J. IV, 15. tit. uti. possid. XLIII, 17. C. VIII, 6. Cap. 9. X, II, 19. Cap. 1. X, II, 12. gegründete possessorium ordinarium hat zum Gegenstand das bessere Besitzrecht des Klägers, worüber nach Umständen sowohl der unbestimmte summarische, als der Mandats- und sogar der ordentliche Prozeß zulässig ist. Der Kläger führt in dem forum rei sitae seinen fehlerfreien vorzüglicheren Besitz und die erlittene Störung an, er bittet um Schutz gegen weitere Störungen und Verurtheilung des Beklagten zur Leistung der Nebenverpflichtungen, über das Recht selbst braucht er sich nur dann auszusprechen, wenn dadurch der Besitz aufgeklärt wird: pro colorando possessorio; Einreden, welche sich auf das petitorium beziehen, kann der Beklagte nur vorbringen, wenn sie liquide sind, betreffen sie dagegen die Fehler des Besitzes oder besseres Besitzrecht, so sind auch illiquide zulässig. Der Spruch des Richters verbreitet sich über den Besitzstand mit Vorbehalt des Petitoriums und geht, wenn er für den Kläger ausfällt, auf Untersagung fernerer Störungen und Auferlegung einer Kaution. Dies Urtheil gilt als Definitiverkenntniß über den Besitzstand.

§. 111.

b. Possessorium summarium sive Summariissimum.

R. A. von 1512, I, 4. §. 12. K. G. O. von 1521, XXX, II, 1. von 1555, II, 21.

Das possessorium summarium, oder das Summariissimum ist aus der Nothwendigkeit hervorgegangen, in den Zeiten des Faustrechts zur Vermeidung der Selbsthülfe denjenigen zu schützen, der sich im jüngsten Besitz befand, besonders dann, wenn jeder Theil Besitzhandlungen für sich anführen konnte. Hier kann der Richter sogar Amtswegen einem Theile die momentanea possessio zuerkennen oder ein Sequester anordnen. Der Kläger hat den jüngsten Besitz, d. h. den, welcher der in Rede stehenden Störung unmittelbar vorherging und die Störung selbst genau zu bezeichnen und zu bescheinigen, und um Schutz im Besitz zu bitten.

Der Richter kann das Verfahren im unbestimmten summarischen oder im bedingten oder unbedingten Mandatsprozesse leiten. Dem Beklagten sind nur liquide Einreden gestattet und das Erkenntniß, welches Manutenenzdekret heißt, lautet immer nur über den Besitzstand, nicht das Besitzrecht.

§. 112.

Verfahren bei interdictis recuperandae und adipiscendae possessionis.

a) Das remedium spolii, decr. Grat. II. C. 2. qu. 2., c. 3—6. tit. X, II, 13. tit. in 6to. II, 5., ward veranlaßt durch die altdeutsche Ansicht über den Schutz der selbst widerrechtlich erlangten Gewehre. Vermöge dieses Rechtsmittels kann jeder, welcher eigenmächtig und widerrechtlich des Besitzes entsetzt worden ist, mag er selbst unrechtmäßig und noch so kurze Zeit besessen haben, blos auf Grund des erlittenen Spoliums, nicht blos vom Spoliator, sondern auch von jedem dritten Besitzer, welcher Wissenschaft von dem Spolium hatte, Restitution der Sache cum omni causa verlangen. Das Verfahren ist regelmäßig der unbestimmte summarische, in besondern Fällen wohl auch der Mandatsprozeß.

b) Die possessorischen Rechtsmittel zur Erlangung eines neuen Besitzes, interdicta adipiscendae possessionis, werden in der Regel im unbestimmten summarischen Prozeß verhandelt. Sie können auch gegen einen rechtmäßigen Besitzer gerichtet werden und lassen Rechtseinwendungen nicht zu.

§. 113.

Allgemeine Grundsätze.

Das possessorium summarium ist ein provisorisches possessorum ordinarium, die übrigen possessorischen Rechtsmittel dagegen sind regelrecht nur Vorbereitungen zum petitorium, d. h. zur Verfolgung des Rechts selbst. Daraus folgt:

a) der Streit über den Besitzstand und über den Rechtsstand erfordern jeder eine besondere Beurtheilung;

b) der im Streit über den Besitzstand besiegte Theil kann immer noch wegen des Rechtsstandes klagen;

c) einer Kumulation possessorischer und petitorischer Ansprüche steht nichts entgegen.

Der Bekagte kann dem possessorischen Anspruch des Klägers selbstständig petitorisch opponiren. Daher ist eine gleichzeitige Verhandlung des interd. adipiscendae possessionis mit dem petitorischen Anspruche des Beklagten immer zuläßig, bei der Spolienklage aber nur mit Zustimmung des Klägers, Cap. 1. X, II, 13. Cap. 4. X, II, 10. Cap. 22. X, I, 29.

Dem blos petitorischen Antrage des Klägers kann der Beklagte possessorische Rechtsmittel entgegenstellen und dieselben bei erlittener Spolation sowohl in Form einer Widerklage als einer exceptio spolii geltend machen, auch ein interd. retin. poss. und sogar ein interd. adip. poss. zur Widerklage benutzen. Cap. 2. X, II, 10.; eine solche Kumulation hat die Wirkung, daß die verschiedenen Prozesse in denselben Akten verhandelt und durch ein Urtheil entschieden werden.

Zweites Kapitel.

Bestimmte summarische Prozesse.

§. 114.

I. Arrestprozeß.

1. Begriff und Arten.

Arrest (Kummer, Beschlag, Verkümmerung) ist eine gerichtliche Verfügung, wodurch ein Schuldner zur Sicherung der Ansprüche des Gläubigers in der Disposition über seine Person, oder sein Vermögen, oder über beides beschränkt wird; daher die Eintheilung in Personalarrest, Realarrest und gemischter Arrest. Arrestprozeß ist das Verfahren über den Verlauf einer solchen Verfügung und durch den Gerichtsgebrauch und die Reichsgesetze gebildet, R. A. von 1570 §. 81., von 1594 §. 82. 83., D. A. von 1600 §. 48., J. R. A. §. 139. Vorausgesetzt wird eine dem Gläubiger durch veränderte Umstände des Schuldners drohende Gefahr, causa arresti, wohin gehört:

1) wenn der Schuldner flüchtig oder der Flucht verdächtig, ist l. 10. §. 16. D. XLII, 8.;
2) wenn er sein Vermögen zu verschwenden anfängt.

Der Arrestprozeß kommt entweder selbstständig oder als Nebenpunkt eines andern Prozesses vor. Der Arrest kann gegen jeden Schuldner mit Ausnahme der Gesandten und deren Personals angelegt werden und wird wieder aufgehoben — relaxatio arresti — sobald auf andere Weise Sicherheit geleistet wird.

§. 115.

2. Arrestgesuch.

Der Impetrant muß sein Gesuch durch Bescheinigung der Forderung und der causa arresti begründen, und die Art, sowie den Gegenstand des Arrestes genau angeben. Auf die richterliche Untersuchung über die Voraussetzungen des Arrestes wird entweder das Gesuch verworfen oder der Arrest nach oder ohne Vernehmung des Impetraten angelegt. Dies geschieht durch zwei Dekrete:

1) das Arrestmandat an dritte Personen:
   a) an den Gerichtsdiener zur Anlegung des Arrestes auf die Person des Impetraten oder Sachen, die er selbst besitzt;
   b) an den dritten zur Herausgabe von Sachen des Impetraten;
   c) an den Schuldner des Impetraten, die Zahlung nicht an diesen zu leisten;
2) das zwischen den Parteien erlassene Dekret, wodurch der Impetrat von dem Arrestmandat in Kenntniß gesetzt und ein Rechtfertigungstermin anberaumt wird.

§. 116.

3. Verfahren.

Da im Rechtfertigungstermin der Impetrant sein Gesuch, auch wenn Impetrat nicht erscheint, näher motiviren soll, so wird er bei seinem Ausbleiben zum Ersatz des Schadens und der Prozeßkosten verurtheilt und der Arrest wieder aufgehoben. Nach Anhörung des Impetraten mit seiner Vertheidigung, worauf der Wechsel von Replik und Duplik folgt, verfügt das Gericht entweder die Aufhebung des Arrestes unter Verurtheilung des Impetranten zu Schaden- und Kostenersatz, oder bestätigt den Arrest. Hat sich der Impetrat zur Kautionsleistung erboten, so wird nach deren Prüfung die Aufhebung des Arrestes dekretirt.

§. 117.

II. Mandatsprozeß.

1. Begriff und Arten.

Das an und für sich abnorme Verfahren, wo dem Beklagten auf bloßes Anrufen des Klägers durch einen Befehl des Gerichts, Mandat, aufgegeben wird, diesen zu befriedigen, läßt sich nur unter der Voraussetzung erklären, daß eine wirksame Vertheidigung des Beklagten nicht zu erwarten ist. Der Inbegriff von Prozeßregeln, wonach hierbei verfahren wird, bildet den Mandatsprozeß. Das zu erlassende Mandat ist:

1) ein unbedingtes — mandatum sine clausula (scilicet iustificatoria) wenn eine haltbare Vertheidigung des Beklagten unwahrscheinlich ist. Als Beispiele für die Zulässigkeit eines solchen Mandates werden in den Reichsgesetzen aufgeführt:
   a) wenn die Rechtsverletzung, wegen welcher ein Mandat erbeten wird, sich an und für sich als ein Delikt darstellt — factum nullo iure iustificabile;
   b) wenn dem Imploranten ein unwiderbringlicher Schaden erwachsen ist — damnum irreparabile;
   c) wenn dem Staate ein Schaden droht — detrimentum reipublicae;
   d) wenn Gefahr im Verzuge ist — periculum in mora;
   e) wenn der Implorant Schuldforderungen durch Urkunden geltend macht, welche mit der Executivklausel versehen sind.

   Außerdem aber soll dem Richter freistehen, ein unbedingtes Mandat zu erlassen, so oft der Fall unter das aus diesen Beispielen hervorleuchtende Prinzip zu subsumiren ist. KGO von 1555 II, 23 RA von 1594 § 79 DA von 1600 § 29 29—36 JRA § 79. 81.
2) ein bedingtes — mandatum cum clausula — in allen andern Fällen.

§. 118.

2. Verfahren

a) beim unbedingten Mandats-Prozeß.

In der nach den gewöhnlichen Vorschriften einzurichtenden Klage muß der Implorant die Umstände, wodurch das unbedingte Mandat motivirt werden soll, so vollständig angeben und bescheinigen, daß der Richter ohne Vernehmung des Gegners im Stande ist, ihre Richtigkeit zu erkennen. Von der Prüfung des Klagevortrags hängt die richterliche Verfügung ab, so daß eine Verwerfung in der angebrachten Art, Erlaß eines bedingten Mandats, Einleitung der Sache im ordentlichen Verfahren, endlich Erlaß des erbetenen unbedingten Mandats erfolgen kann. Wenn im letzteren Falle der Implorat weder Folge leistet, noch Einwendungen vorbringt, so tritt, nachdem der Implorant die Ungehorsamsbeschuldigung erhoben hat, die Exekutionsinstanz ein.

Der Implorat darf bis zur Exekutionsvollstreckung Einwendungen vorbringen, sofern dieselben liquide sind. D. A. von 1600 §. 49. 50.; R. A. von 1594 §. 77. Werden die Einreden verworfen oder sind sie illiquide, so ergeht das Inhästivmandat, d. h. ein das Mandat erneuerndes Urtheil. Werden dagegen die Einreden für erheblich erachtet, so muß der Implorant repliziren, worauf entweder Aufhebung oder Bestätigung des Mandats, oder eine Beweisaufnahme erfolgt. J. R. A. §. 77. 80. Rechtsmittel haben keine Suspensivkraft.

§. 119.

b) beim bedingten Mandatsprozeß.

Da der bedingte Mandatsprozeß nur wahrscheinliche Ansprüche des Klägers voraussetzt, wozu auch die vom Gesetz durch Vermuthungen begünstigten gehören, so ist hierbei die genaue Bescheinigung nicht erforderlich, worauf der nnbedingte Mandatsprozeß beruht. Auf die Klage bestimmt der Richter eine Frist, innerhalb welcher der Implorat den Imploranten klaglos zu stellen oder seine Weigerungsgründe vorzubringen hat — clausula justificatoria. K. G. O. von 1555 II, 23.; R. A. von 1594 §. 80.; J. A. R. §. 81. Thut der Implorat weder das eine noch das andere oder sind seine Einreden unzulässig, so wird das Mandat purifizirt, d. h. auf den Antrag des Klägers ein unbedingtes Mandat erlassen. Sind die vorgebrachten Einreden zulässig aber illiquide, so wird der ordentliche oder ein passender summarischer Prozeß eingeleitet, wobei das erlassene Mandat als Vorladung gilt — mandatum resolvitur in vim citationis.

§. 120.

III. Exekutiv-Prozeß.

1. Begriff.

Wenn der Kläger seinen Anspruch auf fortlaufende Prästationen, z. B. Renten, Alimente u. s. w. oder Geldleistungen, worüber ein Schuldschein ausgestellt ist, durch garantigiirte, d. h. solche Urkunden sofort liquide machen kann, in welchen die schuldige Leistung nach Quantität, Qualität und Gegenstand bestimmt bezeichnet ist, so ist der Exekutivprozeß zulässig, dessen Eigenthümlichkeit darin besteht, daß Angriff und Vertheidigung auf liquide Urkunden gestützt werden müssen. D. A von 1600 § 32, JRA § 172.

§. 121.

2. Verfahren.

Die begründete Klage, welcher nothwendig die ihr zur Stütze dienenden Urkunden wenigstens in Abschrift beigefügt werden müssen, wird dem Imploraten mitgetheilt, ein Termin zur Vorlegung der Originalurkunden angesetzt und der Implorant dazu mit der Warnung vorgeladen, daß bei seinem Ausbleiben die Anerkennung der Urkunden angenommen und er mit allen zulässigen Einreden ausgeschlossen werden würde.

Der Beklagte kann vor oder im Termin verzögerliche Einreden vorbringen, insofern sie aus der Natur des Exekutivprozesses entnommen sind, wie z. B. daß die Urkunde keine guarentigirte sei; peremtorische nur, wenn sie durch liquide Urkunden zu beweisen sind. Beim Ausbleiben des Imploranten oder beim Mangel der Originalurkunden, kann der Implorat, auf Grund der vorgebrachten zulässigen Einreden, um gänzliche Lossprechung, ohne diese aber nur um Freisprechung von der Instanz bitten.

Beim Ausbleiben des Imploraten muß der Implorant die Originalurkunden übergeben und kann gegen den ausgebliebenen Imploraten darauf antragen, die Urkunden für anerkannt zu erachten und den Beklagten zu verurtheilen.

Erscheinen beide Theile, so wird Implorat zur Erklärung über die Originalurkunde aufgefordert; erkennt er dieselbe nicht an, so muß er den Diffessionseid schwören, ohne daß dem Imploranten ein anderes Beweismittel oder dem Imploraten eine Gewissensvertretung gestattet wäre. Daher kann auch von keinem Beweisinterlokut die Rede sein. Eingelegte Rechtsmittel haben aber Suspensiveffekt.

§. 122.

IV. Adhäsionsprozeß.

Diese von einigen Prozessualisten hierhin verwiesene Prozeßart setzt voraus, daß der durch ein Verbrechen Verletzte seinen Entschädigungsanspruch in dem wegen des Verbrechens eingeleiteten Criminalverfahren verfolgt. Sie entnimmt ihre Eigenthümlichkeiten aus dem Umstande, daß Angriff und Vertheidigung nur auf die in dem Criminalverfahren ins Licht zu stellenden Thatsachen gestützt werden können.

Zweites Buch.

Verfahren in den höhern Instanzen oder von den Rechtsmitteln.

---

§. 123.

Begriff und Eintheilungen der Rechtsmittel.

Im eminenten Sinn des Worts bedeutet Rechtsmittel dasjenige gesetzliche Mittel, wodurch das einer Partei von dem Richter offiziell (nicht in seiner Eigenschaft als Privatmann) zugefügte Unrecht aufgehoben werden soll. l 1 pr D XLIX 1. Alle Rechtsmittel sind:

1) entweder eigentliche — remedia contra sententias — d. h. gegen eine Verfügung gerichtet, wodurch einer Partei ein Recht zuerkannt worden ist, welches ihr die andere nicht zugesteht, oder:

2) uneigentliche, d. h. sie wenden sich gegen eine Thätigkeit des Richters, welche, ohne die Eigenschaft ad 1 zu haben, einer Partei als ungesetzmäßig erscheint.

Die eigentlichen Rechtsmittel zerfallen in:

a) ordentliche — remedia ordinaria — d. h. solche, welche nichts voraussetzen, als die Behauptung, der Richter habe in einem gewissen Punkte falsch geurtheilt. Sie müssen innerhalb 10 Tagen nach der Publikation oder Insinuation einer Entscheidung eingewendet werden und ihre Wirkung zeigt sich in der Hemmung der Rechtskraft und der Ausführbarkeit der angefochtenen Entscheidung.

b) außerordentliche — remedia extraordinaria. Diese setzen eine außerordentliche Verletzung durch begangene unheilbare Nichtigkeit des Verfahrens oder eine solche Lage der Sache voraus, daß trotz der vollständigen Ordnungsmäßigkeit des angefochtenen Urtheils der vor demselben bestandene Zustand wiederhergestellt werden muß. Auch diese Rechtsmittel müssen vor Ablauf von 10 Tagen eingewendet werden, sind aber auch gegen rechtskräftige Entscheidungen zulässig.

Erster Abschnitt.

Von den eigentlichen Rechtsmitteln.

§. 124.

Gemeinschaftliche Voraussetzungen.

1. Für alle Rechtsmittel dieser Gattung:

a) es muß eine entscheidende richterliche Verfügung vorliegen;

b) diese Entscheidung muß in den verbis decisivis (§. 76) ein Recht aberkennen oder eine Verbindlichkeit auferlegen oder einen zur Entscheidung stehenden Punkt übergehen. Bei dunklen Entscheidungen kann zunächst eine Erklärung erbeten werden;

c) eine der Parteien muß sich in ihren Rechten verletzt fühlen und kein anderes Mittel zur Abhülfe haben;

d) die gesetzliche Form muß beobachtet werden.

2. Für die ordentlichen Rechtsmittel:

a) die beschwerende Verfügung darf noch nicht rechtskräftig sein;

b) sie muß überhaupt ein Rechtsmittel zulassen;

c) der Gegenstand der Beschwerde muß einen bestimmten Werth haben.

§. 125.

Wirkungen derselben.

Durch das eingewandte Rechtsmittel wird die Sache zur nochmaligen Prüfung entweder an einen höhern Richter gebracht (Devolutivkraft) oder nicht (daher nicht devolutive oder auch suspensive Rechtsmittel). Der Devolutiveffekt zeigt sich vor Allem darin, daß jede Einmischung des ersten Richters in die Sache wegfällt und ein Schwebezustand gleich dem der Litiskontestation eintritt, weil der Rechtsbestand der angefochtenen Entscheidung abhängig wird von der Verfügung des höhern Richters; daher hindert das vor dem Eintritt der Rechtskraft der Entscheidung eingelegte Rechtsmittel die Exekution und diese Suspensivkraft ist mit den ordentlichen Rechtsmitteln immer, mit den außerordentlichen aber nur dann verbunden, wenn sie vor der durch den bloßen Zeitablauf eingetretenen Rechtskraft eingelegt sind.

Jede Handlung des Richters, wodurch der Suspensiveffekt gestört werden könnte, ist eine strafbare Ueberschreitung der Amtsbefugnisse; von Seiten der Parteien aber unerlaubte Selbsthülfe.

Der technische Ausdruck für solche Handlungen ist Attentat oder Innovation, und der von dem angerufenen höhern Richter dagegen gewährte Schutz äußert sich in den Mandata attentatorum inhibitoria, revocatoria, cassatoria, außerdem werden gegen den Richter Strafen verhängt, und die strafbare Partei verliert als Spoliator das benutzte Rechtsmittel Cap 7 in 6to II, 15 Cap 42, X II, 28 KGO von 1555 III, 31 §. 12 JRA §. 59.

§. 126.

Verfahren in zweiter Instanz.

I. Anrufung des höhern Richters.

Adäquat der Klage, wodurch das erste Verfahren veranlaßt wird, setzt jede fernere Instanz eine förmliche Anrufung des Gerichts voraus. Sie geschieht bei allen nicht devolutiven, also blos suspensiven Rechtsmitteln vor dem gravirenden, d. h. dem Richter, über welchen die Partei sich beschwert, bei blos devolutiven aber vor dem nächsten höhern Richter — Einwendung des Rechtsmittels, interpositio remedii. Bei den zugleich suspensiven und devolutiven Rechtsmitteln kann sie sowohl bei jenem — judex a quo — als bei diesem — judex ad quem — erfolgen; im ersten Falle heißt sie im eminenten Sinne Einwendung; im zweiten Einführung — introductio l 1 § 3, l 21 § 21 § 1. 2 D XLIX, 1 l 54 § 1 D XLII, 1. Hierauf folgt die Rechtfertigung — justificatio — welche bei den ordentlichen Rechtsmitteln mit der Einwendung verbunden sein kann, bei den außerordentlichen aber damit verbunden sein muß.

§. 127.

1. Einwendung der Rechtsmittel.

Diese besteht in der förmlichen Erklärung der Partei, sie fühle sich durch eine ergangene richterliche Entscheidung beschwert und bediene sich deshalb eines Rechtsmittels. Diese Erklärung kann unmittelbar nach Eröffnung des Urtheils — Stante pede — mündlich zu Protokoll, später nur schriftlich und zwar entweder außergerichtlich vor einem Notar und zwei Zeugen — Interpositionsschedel — oder gerichtlich vor dem beschwerenden Richter geschehen. l 35 § 5 D XLIX, 1. l 12 Cod VII, 62 Notar-Ordnung von 1512. Tit IV § 1 l 1 § 7 10 D XLIX, 4 Cap 73 X II, 28. Das Gesuch des Interponenten geht darauf, das Rechtsmittel zuzulassen und den Gegner davon zu benachrichtigen. Wenn beide Theile dasselbe Rechtsmittel einwenden, so wird die zuletzt erfolgte Erklärung Prinzipaladhäsion genannt.

Der Richter prüft zunächst die gesetzliche Zulässigkeit des Rechtsmittels und die Förmlichkeiten und erläßt die dadurch bedingte Verfügung. Bei den devolutiven Rechtsmitteln soll außerdem der gravirende Richter dem Interponenten ein Zeugniß darüber ausstellen, daß und zu welcher Zeit die Einwendung geschehen sei — apostoli, literae dimissoriae — auch darin sich erklären, ob er dem Rechtsmittel deferire (Statt gebe) oder nicht. Im ersten Falle heißen die apostoli reverentiales und damit kann eine Festsetzung der Einführungsfrist verbunden werden, im letztern refutatorii Tit D de libellis dimissoriis, qui apostoli dicuntur XLIX. 6 Cap 33 44. X 1 c.

Zu einer Prüfung der Erheblichkeit der Beschwerde ist der Unterrichter nicht befugt, vielmehr muß er seine Funktion selbst alsdann als suspendirt betrachten, wenn die Frist versäumt worden ist, da der Oberrichter dagegen restituiren kann 1 6 D XLIX, 5 1 1 pr § 1 D XLIX, 7. Die apostoli refutatorii werden nie rechtskräftig, so daß die Einführung des Rechtsmittels dadurch nicht verhindert wird. 1 3 Cod 1 c.

§. 128.

2. Einführung.

Die Einführung besteht in der zeitigen schriftlichen Anzeige an den Oberrichter, daß das Rechtsmittel eingewandt sei, mit der Erklärung, dasselbe einführen zu wollen. Beigefügt muß werden das beschwerende Urtheil — opinionis exemplum — und die ertheilten Apostel. Gewöhnlich enthält die Schrift auch eine kurze Geschichtserzählung, Spezifikation der Beschwerden und Rechtfertigung der Förmlichkeiten. Schließlich wird gebeten: das Rechtsmittel für devolvirt zu erachten und eine Rechtfertigungsfrist anzuberaumen. Die letztere wird vom Richter ertheilt, wenn er die Einwendung für zulässig hält, sonst wird das Rechtsmittel verworfen. 1 27 C VII, 63 Cap 4. 5. 33. 44. 57 X 1 c KGO von 1521 Tit 23 1 18. 19 C VII, 62 1 un. § 2 D XLIX, 6.

§. 129.

3. Rechtfertigung und weiteres Verfahren.

Unter der Rechtfertigung des Rechtsmittel ist die rechtliche Motivirung der Beschwerde über das gravirende Urtheil zu verstehen, statt deren nach gemeinem Rechte eine bloße Bezugnahme auf die Akten der frühern Instanz — die Vorakten — zuläßig ist. Die eigentliche Rechtfertigungsschrift — libellus gravaminum — besteht aus den Formalien, d. h. dem Nachweis über die Beobachtung der Form des Rechtsmittels und aus den Materialien, d. h. der Rechtfertigung der einzelnen Beschwerden. Hieran schließt sich das Prozeß-Gesuch, d. h. der Antrag, dem Rechtsmittel Statt zu geben, dem Unterrichter die Einmischung in die Sache zu untersagen — inhibitoriales — und die Einsendung der Akten aufzugeben — compulsoriales — und die Sachbitte, die angegriffene Entscheidung — sententia a qua abzuändern.

Die nächste Wirkung der Rechtfertigung besteht darin, daß die von dem einen Theile angegriffene Entscheidung auch gegen den andern nicht rechtskräftig wird, so daß dieser in eigenen Interesse das Urtheil anfechten darf und der Richter Amtswegen das Urtheil, soweit es ihn gravirt, abändern muß. l 39 pr VII, 62. Hierdurch wird das Rechtsmittel für beide Theile gemeinschaftlich — beneficium commune — und es ist theoretisch sogar eine Abänderung des angefochtenen Urtheils zum Nachtheil — in peius — derjenigen Partei denkbar, welche das Mittel interponirt hat.

Praktisch aber, d. h. im Gerichtsgebrauch gelten folgende Modifikationen:

a) Das Rechtsmittel ist nur in Bezug auf die Punkte gemeinschaftlich, gegen welche es ergriffen wird.

b) Der Richter darf den Gegner des Interponenten nur insofern amtlich vertreten, als demselben nach eingegangener Rechtfertigung die Gelegenheit fehlt, seine eigenen Beschwerden selbst vorzubringen. Fehlt diese nicht, so muß eine ausdrückliche Erklärung des Gegners — akzessorische Adhäsion — eingehen.

c) Der Gegner hat die Wahl zwischen dieser akzessorischen und der sogenannten Prinzipaladhäsion (§ 127). In dem auf die Rechtfertigung ergehenden Relevanzbescheide kann der Richter die erbetenen Prozesse verweigern oder den Beschwerden abhelfen. Gegen diese Bescheide sind Rechtsmittel zulässig.

Gewöhnlich aber kommt es zu einem weitern Verfahren, welches im Grunde mit dem der ersten Instanz übereinstimmt und durch ein das angefochtene bestätigendes oder abänderndes Erkenntniß abgeschlossen wird.

§. 130.

Conkurrenz und außerordentliche Beendigung der Rechtsmittel.

Wenn mehrere gegen dieselbe Entscheidung zulässige Rechtsmittel in der Art konkurriren, daß sie nicht gleichzeitig verhandelt werden können, so entsteht eine Collision, für welche folgende Grundsätze gelten:

I. Wenn beide Theile:

1) verschiedene Punkte angefochten haben, so wird jedes Rechtsmittel von dem Richter verhandelt, wo es angebracht ist:
2) betreffen die Beschwerden denselben Punkt und sind;
   a) die Rechtsmittel identisch, so bestimmt die Prävention das für alle Rechtsmittel kompetente Gericht;
   b) sind die Rechtsmittel nur durch Zweck und Mittel gleich, so wird das nicht devolutive von dem devoluten angezogen;
   c) haben die verschiedenen Rechtsmittel keine dieser beiden Naturen, so gilt der Grundsatz ad 1,

II. Wenn nur ein Theil bei demselben Beschwerdepunkt verschiedene Rechtsmittel kumuliren will, so dürfen sich dieselben in Zweck und Mittel nicht widersprechen; dabei ist der gleichzeitige Gebrauch verschiedener Rechtsmittel bei verschiedenen Punkten unbeschränkt.

Außer den auch für die weitern Instanzen geltenden Gründen, durch welche das Verfahren erster Instanz ohne Entscheidung (§ 1) beendigt werden kann, geschieht dieß:
1) durch den unbeerbten Tod des Interponenten 1 un. D XLIX, 13;
2) dadurch daß der Gegner oder der höhere Richter die Beschwerde hebt — Ordination — (siehe §. 138);
3) durch Versäumung der Nothfristen Nov 49, c. 1;
4) durch Verzicht;
5) durch Spolium des Interponenten (§ 125) Cap 42, X, II 28.

Zweiter Abschnitt.

die einzelnen Rechtsmittel.

Erstes Kapitel.

Appellation.

§. 131.

I. Geschichtliche Einleitung.

A. Römisches Recht. D XLIX, 1—7. 9—13 Cod VII, 61, 62, 65—70 Nov 23, 126

a) der republikanischen Zeit.

Während der Republik gab es kein Rechtsmittel in unserem Sinne, weil der auf die Unterordnung eines Richters unter den andern basirte Begriff des Instanzenzugs fehlte. Der einzige Weg der Beseitigung eines gültigen Urtheils war die restitutio in integrum (§. 65). Nur in Bezug auf ein bei der extraordinaria cognitio erlassenes Dekret gestattete das republikanische Recht ein besonderes Mittel, die Interzession eines gleich oder höher gestellten Magistrats oder der Tribunen (§ 4), wodurch jenes Dekret seine Wirkung verlor. Die Bitte um die Interzession hieß appellare. Interzedirten die Tribunen, so blieb dem Decernenten der dadurch kassirten Befügung der Erlaß einer andern überlassen, dagegen konnte ein angerufener Prätor an die Stelle der aufgehobenen eines Collegen selbst eine neue setzen.

§. 132.

b) unter dem Prinzipat.

Der Princeps vereinigte in sich alle Magistrate und daher auch die tribunicia potestas. Vermöge der letzteren konnte er oder der von ihm damit bekleidete Beamte jedes richterliche Urtheil beseitigen. An ihn konnte gegen die Dekrete aller, auch der Provinzial-Magistrate appellirt werden, während seine eigenen keiner Appellation unterlagen. Mit der Zeit durfte der Princeps sogar mit Uebergehung der in integrum restitutio richterliche Sentenzen einer Revision unterziehen. Die Richter wurden als Beamte betrachtet, die sich der Magistrat als Gehülfen substituirte und dessen Akte so gut angefochten werden konnten, wie die des Substituten selbst.

Schon August delegirte seine Befugniß, Appellationen von allen Behörden des Reichs anzunehmen, dem praefectus urbi, und für die Provinzen Consularen; jede Provinz hatte in Rom einen Appellationsrichter. Suet: Octav: 33. Daneben wurden Appellationen an den Senat eingeführt, welche Nero denen an den Princeps gleichstellte. Tac. ann. XIV, 28. Unter Marc Aurel waren schon Appellationen vom judex an den Magistrat in Gültigkeit 1 pr und 3 D XLIX, 3.

§. 133.

c. Ausbildung der Appellation.

Der Idee der Unfehlbarkeit des Princeps gemäß mußte ein Urtheil bis zu ihm gelangen, um vor Anfechtungen sicher zu sein. So bildete sich der Instanzenzug. Durch die Appellation, d. h. das Rechtsmittel, mittelst dessen ein an sich gültiges Urtheil wegen seiner Unrichtigkeit von einem höhern Gericht aufgehoben werden kann, wurde das erste Gericht aus seiner isolirten und absoluten Stellung herausgerissen und zum Glied einer Kette gemacht.

Vom judex ging die Appellation an den Magistrat, der ihn bestellt hatte, von dem Municipal-Magistrat an den römischen Prätor oder praeses provinciae, von diesem an den Senat oder andere von dem Princeps mit höchster Jurisdiktion versehene Behörden oder an den Prinzips selbst l 38 D VI, 4. Nach justinianischem Recht war aber die Appellation nur gegen Definitiv-Urtheile und Zwischen-Erkenntnisse über Präjudizien, nicht aber gegen bloße Interlokute zulässig. l 6 pr § 3 l 21. 36 C h. t. l 7 C VII, 65.

B. Canonisches Recht.

Tit X, II, 28, in 6to II, 12 Clem II, 12.

Neben den römischen Grundsätzen stellte das canonische Recht den neuen auf: daß die Appellation an den nächsten höhern Richter gegen jede obrigkeitliche Verfügung zulässig sei, und zwar sowohl vor der Verfüguug — blinde Rechtsmittet, ubi a futuro gravamine appellatur — als nach derselben Cap 5 10 X h. t. Das Tridentinische Conzil aber setzte fest: daß nur von definitiven und ihnen an Kraft gleichstehenden Zwischenurtheilen, falls eine nach entschiedener Hauptsache eingebrachte Appellation nicht mehr wirksam sein konnte, die Appellation zulässig sein solle Conc. Trid. Sess. 24, c. 20.

§. 135.

C. Deutsches Recht.

Auch nach deutscher Verfassung konnte sich der Begriff der Appellation erst mit dem Durchbruch der Vorstellung ausbilden, daß der König die Quelle aller Gerichtsbarkeit sei. Mit ihr fanden die römischen und kanonischen Grundsätze mit der Modifikation Aufnahme, das auch gegen gewöhnliche Zwischenurtheile appellirt werden kann.

§. 136..

II. Appellation gegen Definitivurtheile und gleichkräftige Beiurtheile.

A. Voraussetzungen.

Neben den allgemeinen Voraussetzungen für alle Rechtsmittel ist für die Appellation (Provokation) zu beachten:

1) es muß wegen der durchgängigen Devolutivkraft der Appellation ein Oberrichter und zwar der unmittelbar nächste (per gradus) angegangen werden; eine appellatio per saltum d. h. mit Ueberspringung des nächsten Oberrichters ist

nicht statthaft; unter mehreren konkurrirenden giebt die Prävention den Ausschlag. Nov 23 Cap 4 l 1 § 3 D XLIX, 1 l 1 § 4 D XLIX, 2;

2) während nach römischem und älterem Reichsrecht die Natur des Anspruchs und der Werth des Streitobjekts für die Appellation gleichgütig war l 20 D VII, 62 Cap 11 X h. t wurden durch die KGO von 1521 Tit. 24 §. 1 Vorschriften über die Appellationssumme und deren Berechnung eingeführt. Die Höhe der ersteren ist in den Landesgesetzen verschieden, die letztere geschieht nach folgenden Regeln:
   a) die Apellationssumme richtet sich nicht nach dem Werth des Streitobjekts, sondern nach dem Werth der Beschwerde;
   b) die Beschwerde muß sich auf die Hauptsache beziehen, so daß die Appellationssumme nicht durch die Nebenforderungen (Zinsen, Früchte, Prozeßkosten ꝛc.) gebildet werden darf.
   c) Bei Objekten, die in fortlaufenden Prästationen bestehen, wird die Appellationssumme durch Multiplication einer einzelnen Leistung mit 25 (nach dem vierprozentigen Zinsfuß) ermittelt.
   d) Mehrere aus derselben Quelle entspringende und durch dasselbe Urtheil festgestellte Obligationen werden zusammen gerechnet.

3) Die Appellationssumme ist nicht erforderlich:
   a) bei einem unschätzbaren Objekt;
   b) bei Streitigkeiten über die Jurisdiktion, Servituten und Gerechtigkeiten;
   c) bei Klagen auf Prästationen, welche die Obrigkeit als solche zu fordern hat.

§. 137.

B. Verfahren.

a) vor dem Unterrichter

Die Appellation wird innerhalb 10 Tagen, angerechnet von der Publikation des Urtheils, beim Unterrichter — judex a quo — wenn aber die Nothfrist versäumt ist, mit der Bitte um Restitution beim Oberrichter eingewendet Nov 23 Cap 1 l 1 D XLIX, 4. Nach römischen Recht mußte der Appellant innerhalb 5 Tagen, angerechnet von der Einlegung der Appellation, instanter et saepius um Ertheilung der Apostel und Einsendung sämmtlicher Verhandlungen an den Oberrichter bitten, widrigenfalls das Rechtsmittel desert, d. h. verloren war l 18 C VII, 62 l un. § 2 D XLIX, 6 l 7 § 11 D IV, 4 l 8 D IV, 1. Aehnlich verlangt das kanonische Recht, der Appellant solle binnen 30 Tagen bei Strafe der Desertion inständig um Apostel bitten Cap 1. 6 in 6to II, 15. Die neueren Reichsgesetze dagegen stellen dies dem Appellanten frei KGO von 1555 II Tit. 30 § 1 JRA § 61. 63, machen ihm aber die Bitte um Einsendung der Akten binnen 30 Tagen, von der Einlegung der Appellation angerechnet, zur Pflicht.

Durch die Einwendung der Apellation wird die Rechtskraft des angefochtenen Urtheils gehemmt und der Appellant befugt, zur Unterstützung seines Anspruchs neue Thatsachen, Beweise und Argumente vorzubringen — beneficium nondum deducta deducendi, nondum probata probandi — wenn er nur nicht das Klagefundament verändert. Doch sollte er nach deutschen Recht sich zu dem Eide erbieten, daß er von den neuen Thatsachen in erster Instanz keine Wissenschaft gehabt habe l 4 C VII, 63 KGO von 1508 II § 8. 11 D. A. von 1600 § 114.

§. 138.

b) vor dem Oberrichter.

Hat der höhere Richter die in der eben (§. 128, 129) beschriebenen Art bewirkte Einführung und Rechtfertigung geprüft, so kann er entweder die Appellation verwerfen oder weitere Verhandlungen eröffnen. Eine Verwerfung durch Dekret — reiectorium — auf die bloße Einführung ist nur denkbar wegen Unzulässigkeit des Rechtsmittels oder Versäumung der Frist[1] bei unterlassener Bitte um Restitution, sowie wegen offenbarer Unerheblichkeit der Beschwerde, wo denn möglicherweise sogar eine reformatorische Verfügung ergehen kann — ordinatio s. rescriptum de tollendo gravamine vel de emendando processu.

In allen andern Fällen erkennt der Oberrichter Appellationsprozesse; diese bestehen, wenn sie vollständig sein sollen — plenarii appellationis processus — aus folgenden Dekreten:

1) inhibitoriales (sc. literae) wodurch dem judex a quo jede weitere Verfügung in der Sache untersagt wird;
2) compulsoriales, wodurch demselben die Einsendung der Akten nebst Bericht aufgegeben wird;
3) communicatoriae, wodurch dem Appellaten die Einführungs- und Rechtfertigungsschrift zum Excipiren mitgetheilt wird.

Fehlt eine dieser Verfügungen, so sind die Appellationsprozesse unvollständig — appell. proc. minus pleni.

§. 139.

c) Weiteres Verfahren.

Regelrecht werden nur Compulsorialien erkannt, oft in Verbindung mit der Mittheilung an den Appellaten, vollständige Prozesse aber erst, wenn die Sache nach eingegangenen Akten und Bericht des Unterrichters sich nicht zu einem sofortigen Erkenntniß eignet, sondern eine weitere Verhandlung nothwendig erscheint.

Das Verfahren in 2. Instanz wird wo möglich nach den Regeln des summarischen Prozesses eingeleitet, daher jedem Theil nur ein Schriftsatz gestattet. Das nach dem Aktenschluß abzufassende Appellationserkenntniß kann bestätigend, abändernd (reformatorisch) oder gemischt sein.

Im ersten Falle werden die Akten durch Remissorialien an den judex a quo zurückgesandt, so daß dieser nun wieder kompetent wird, dasselbe geschieht, wenn das Appellationserkenntniß zwar reformirend ist, aber neue Verhandlungen in der Sache anordnet, in allen andern Fällen behält der Oberrichter seine Competenz.

§. 140.

III. Appellation gegen Beiurtheile.

Nach neuerem Reichsrecht (siehe §. 134. 135) wird zwischen solchen Beiurtheilen, welche die Kraft eines Endurtheils haben und solchen unterscheiden, welche, ohne diese Kraft zu haben, doch eine Appellation erfordern, weil die Beschwerde durch die Appellation vom Endurtheil nicht mehr gehoben werden kann. Notariatsordnung von 1512 Tit. IV, § 1 KGO von 1555 II, 28 § 6. Für diese Fälle gelten eigenthümlichen Normen des Verfahrens:

1) In der schriftlichen Appellation muß sogleich der Grund der Beschwerde angegeben werden, damit der Unterrichter sie noch heben kann Cap 1. 10 in 6to II, 15.
2) Die Appellation kann nur aus diesen gleich anfangs aufgestellten Ursachen begründet werden. Notariats-Ordnung von 1512 l. c.
3) Der Oberrichter wird erst kompetent, wenn der Unterrichter die Beschwerde nicht selbst heben will Cap 60 X, II, 28.
4) Wenn der Unterrichter die Appellation nicht unbedingt für zulässig erklärt hat, tritt der Suspensiveffekt erst mit der Inhibirung des Oberrichters ein, und diese soll nur bei vorhandener Gefahr im Verzug oder zu befürchtendem unersetzlichen Schaden erlassen werden. R. A von 1594 § 94.
5) Die Einführungsfrist wird vom Unterrichter bestimmt, Cap 1 in 6to l. c.

6) In der Regel dürfen keine nova angeführt werden Clem. 5, II, 12 KGO von 1508 § 7.

Nach der Praxis findet kein förmliches Verfahren Statt, sondern die Beschwerde wird durch ordinatio oder rescriptum de emendando vel tollendo gravamine gehoben (§. 138).

Zweites Kapitel.

Revision.

§. 141.

I. Revision als subsidiäres Rechtsmittel.

Unter den römischen Kaisern gab es ein Rechtsmittel gegen Urtheile des sonst inappellabelen praefectus praetorio mit dem Namen supplicatio, welches innerhalb 10 Tagen bei diesem Beamten eingelegt werden mußte und alsdann Suspensiveffekt hatte, während es ohne letzteren binnen 2 Jahren beim Kaiser angebracht werden konnte 1 un. C VII 42 Nov 119 c 1.

In Deutschland bildete sich die Revision als selbstständiges Rechtsmittel erst bei den höchsten Reichsgerichten aus und zwar als Ersatz für die Appellation in Fällen, wo diese letztere wegen Geringfügigkeit des Objekts nicht zulässig war. JRA § 113. 124 DA von 1600 § 16. Dabei konnte der Revident auf Versendung der Akten an 2 oder 3 Rechtsgelehrte oder an ein Universitäts-Spruchkollegium antragen — transmissio actorum in vim revisionis.

Die Einwendung dieses Rechtsmittels muß immer beim gravirenden Richter innerhalb 10 Tage geschehn. Apostel, Aktengesuch und Einführung fallen weg, da die Revision der eigentlichen Devolutivwirkung entbehrt; es genügt die Rechtfertigung mit der Bitte um Aktenversendung. Ist eine solche Bitte ergangen, so äußert sich die bloße Suspensivkraft der Revision darin, daß der Richter nicht mehr in der Sache selbst verfügen darf. Vorbringen von nova ist wie bei der Appellation gestattet.

II. Revision als nicht subsidiäres Rechtsmittel.

Neben der eben beschriebenen subsidiären Revision kommen in vielen deutschen Partikularrechten verschiedene nicht devolutive und nicht subsidiäre, sondern mit der Appellation elektiv konkurrirende Rechtsmittel unter dem Namen: Supplikation, Leuterung, Richtigkeitsbeschwerde, Restitution, Repräsentation, Oberleuterung vor, worüber folgende allgemeine Grundsätze gelten:

1) Sofern diese Rechtsmittel wirkliches Surrogat der Appellation sind, werden sie auch als solche behandelt.
2) Wird im Verlauf eines solchen Rechtsmittels die vorige Entscheidung bestätigt, so findet dasselbe suspensive Rechtsmittel nicht noch einmal Statt. — revisio revisionis, leuteratio leuterationis, supplicatio supplicationis non datur, sondern es kann nur ein anderes zulässiges benutzt werden. Bei Prozessen also, die schon in erster Instanz vor einem Obergericht verhandelt wurden, ist die Wiederholung desselben nicht devolutiven Rechtsmittels — Oberrevision, Oberleuterung — zulässig.

Drittes Kapitel.

Nichtigkeitsbeschwerden.

§. 142.

I. Römisches und kanonisches Recht.

Im römischen Prozeß konnte ein Urtheil nichtig sein wegen eines Mangels seiner wesentlichen Erfordernisse:

1) wegen Unfähigkeit des Magistrats oder des Richters, l 1. 2 C VII, 48;
2) wenn zur Zeit des Urtheils eine Partei handlungsunfähig oder tod war, ohne einen Vertreter zu haben l 9. 59 § 3 D XLII, 1;
3) wenn das Urtheil für oder gegen eine Person lautet, die den Prozeß gar nicht geführt hat l 1 C VII, 45;
5) wenn das Urtheil gegen klare Gesetze verstößt, contra jus constitutionis s. jus in thesi im Gegensatz des subjektiven Rechts — jus litigatoris s. jus in hypothesi l 27 32 D l. c. l 3 D XLIX, 8.

In diesen Fällen bedurfte es keines Rechtsmittels, denn es genügte die gegen die Klage oder Einrede aus solchem Urtheil actio s. exceptio rei judicatae opponirte Einrede der Nichtigkeit tit. D. quae sententiae sine appellatione rescindantur XLIX, 8 tit Cod quando provocare non est necesse VII, 64.

Die Praxis der geistlichen Gerichte bildete ein remedium nullitatis aus, welches 30 Jahr dauerte, jedoch mit der Appellation verbunden werden konnte und worüber der gravirende Richter selbst zuständig sein sollte. Die Nichtigkeit beruht entweder auf defectus judiciorum formae a jure civili inductae oder auf defectus formae judiciorum a jure naturali et gentium inductae, wohin gehörten defectus jurisdictionis, inhabilitatis, mandati, citationis et processus substantialis.

§. 143.

II. Deutsches Recht.

Wegen der vielen aus der langen Dauer und Unbestimmtheit der Nullitätsklage hervorgegangenen Weitläufigkeiten beschäftigten sich die K. Gr. Ordnungen von 1521. 1523 und 1555 mit Reformen dieses Instituts, deren Hauptinhalt darin besteht, daß Nichtigkeiten, deren Unrecht ohne Vernichtung des Verfahrens in höherer Instanz gehoben werden kann — defectus sanabiles — heilbare Nichtigkeiten, zu unterscheiden sind von solchen, welche diese Eigenschaft nicht haben — defectus insanabiles — unheilbare Nichtigkeiten K. G. O. von 1521, Tit. XIX §. 2. 3. Tit. XXI §. 1 KGO von 1523 V § 6. 7. KGO von 1555 III, 34.

Nach vielen andern schwankenden Bestimmungen — RA von 1570 § 63 D.A. von 1600 § 14 bestimmte der JRA § 121, 122, daß in allen Fällen, wo die Nichtigkeit in zweiter Instanz ohne Zerstörung des frühern Verfahrens gehoben werden kann (heilbare Nichtigkeit), die zur Einlegung der Appellation bestehende Nothfrist beobachtet werden solle, daß dagegen in den Fällen der unheilbaren Nullität aus der Person des Richters oder der Partei oder wegen wesentlicher Prozeßverletzungen die Klage 30 Jahre dauern solle.

§. 144.

Arten der Nichtigkeitsbeschwerde und gemeinschaftliche Grundsätze.

Die Nichtigkeitsbeschwerde, Nichtigkeitsklage oder Nichtigkeitsquerel, bei welcher der angreifende Theil Querulant, der andere Querulat genannt wird, zerfällt hiernach in zwei verschiedene Rechtsmittel, von denen das eine zu den ordentlichen, das andere zu den außerordentlichen gehört; gemeinschaftlich ist ihnen der Zweck, nämlich Aufhebung einer durch Vernachlässigung wesentlicher Vorschriften herbeigeführten Nichtigkeit — nullitas — während die fehlerhafte Anwendung eines materiellen Rechtsprinzips den Namen iniquitas führt. Außerdem gelten für beide Arten folgende Grundsätze:

1) Sie können principaliter d. h. als selbständiges Rechtsmittel abgesondert benutzt werden KGO von 1555 III 34

§ 3 und haben regelrecht Devolutiveffekt, es müßte denn Summa appellabilis fehlen, wo die Revision die Stelle der Nichtigkeitsbeschwerde vertritt, oder die Nichtigkeit in der höchsten Instanz begangen worden sein, wo andere nicht devolutive Rechtsmittel Statt finden.

2) Zur Rechtfertigung ist das Vorbringen von nova nicht gestattet.
3) Beide Arten können mit einander und andern Rechtsmitteln und zur Begründung eines andern Rechtsmittels benutzt werden.
4) Das Verfahren ist höchst summarisch KGO von 1555 III, 3.

§. 145.

1) Nichtigkeitsbeschwerde als ordentliches Rechtsmittel.

Dies Rechtsmittel ist statthaft wegen unheilbarer sowohl als heilbarer Nichtigkeiten, zu welchen gehören:

a) alle aus dem fehlerhaften Inhalt eines Urtheils resultirenden Nichtigkeiten, also wenn contra jus in thesi gesprochen ist.
b) Alle durch Nichtbeobachtung der positiv gebotenen Form begangenen.

In gewissen Fällen ist die Nichtigkeitsbeschwerde trotz der Nichtigkeit der Entscheidung wenigstens nicht direkt brauchbar. Dahin ist zu rechnen, wenn das Urtheil wegen seiner allgemeinen, unbestimmten oder unsinnigen Fassung gar nicht vollzogen werden kann oder wenn es mit frühern rechtskräftigen Entscheidungen im Widerspruch steht; in diesem letztern Falle bedarf es, wegen des versäumten Einwandes der rechtskräftigen Entscheidung, zuvor der Restitution. Bei der Einwendung der Nichtigkeitsbeschwerde sind die Formalien der ordentlichen Rechtsmittel zu beobachten.

2) Nichtigkeitsbeschwerde als außerordentliches Rechtsmittel.

Dieß Rechtsmittel setzt einen Mangel an den absolut wesentlichen Bestandtheilen des anzufechtenden Verfahrens voraus — defectus insanabilis — so daß der Fehler durch eine fortgesetzte Verhandlung nicht gehoben werden kann.

Diese Beschwerde ist nur beschränkt durch die 30jährige Verjährung und die Appellationssumme.

Viertes Kapitel.

Restitutio in integrum.
(cf. §. 65.)

§. 146.

Begriff und Arten.

Insofern die Wiedereinsetzung in den vorigen Stand gegen Versäumnisse oder Versehn beim gerichtlichen Verfahren nachgesucht wird, gelten im heutigen Prozesse die römischen Grundsätze der prätorischen Restitution. Ganz anders ist die Restitution zu behandeln, wenn eine Partei die Rescission einer rechtskräftigen, weder heilbar noch unheilbar nichtigen Entscheidung blos aus dem Grunde verlangt, weil dieselbe nach ihrer Behauptung anders hätte ausfallen müssen, wenn der Richter Thatsachen oder Beweise berücksichtigt hätte, die ihm vor der Entscheidung noch nicht vorgelegen haben. Dieß auf Abänderung der rechtskräftigen Entscheidung direkt gerichtete Rechtsmittel führt den eigentlichen Namen restitutio contra rem judicatam.

§. 147.

Restitutio gegen rechtskräftige Entscheidungen.

Abweichungen von dem Grundsatz, daß gegen rechtskräftige Entscheidungen keine Restitution Statt finde l 35—56 D XLII, 1 tit. Cod sententiam rescindi non posse VII, 50 gestattete das römische Recht nur:

1) bei Urtheilen gegen Minderjährige l 43 D IV, 4;
2) bei kondemnatorischen Sentenzen gegen Abwesende l 12 C II, 54;
3) bei Sentenzen gegen den Fiskus;
4) bei Entscheidungen, welche auf falschen Zeugnissen oder falschen Urkunden oder auf einem nothwendigen Eide beruhten, falls der Verurtheilte neue Beweismittel aufgefunden hatte, l 33 D XLII, 1 tit. Cod si ex falsis instrumentis vel testimoniis judicatum sit. VII, 58 l 31 D XII, 2 l 4 C VII, 52.

Das kanonische Recht dehnte das Privilegium der Minderjährigen auf Kirchen und andre fromme Stiftungen aus Cap 1—3. 7. X I, 41. Die deutsche Praxis ging weiter, indem sie zur Begründung des Restitutionsgesuchs nur neue Thatsachen oder Beweismittel verlangte, und der Gemeinbescheid vom 7. Juli 1669 setzte fest, daß die Anwälte der Parteien die relevanten nova kurz und bündig einführen und bescheinigen, auch sich mit Spezialvollmacht von ihren Machthabern versehen sollten, um den Eid zu leisten, daß weder diese noch sie selbst von den neuen Umständen in der frühern Instanz Kenntniß gehabt hätten.

Die Restitution ist sowohl gegen dezisive als gemischte Dekrete so oft zulässig als neue Gründe angeführt werden können, und dauert gegen ein auf falsche Beweismittel basirtes Erkenntniß 20, sonst 4 Jahre; die letztere Frist beginnt für Minderjährige mit der Großjährigkeit, sonst mit dem Augenblick der in Erfahrung gebrachten Läsion 1 2. 3 C II, 44. Cap 6 X, II, 25 1 7 C II, 53 Clem un. I, 11.

Das Restitutionsgesuch, welches mit andern Rechtsmitteln verbunden werden kann, wird bei dem Richter angebracht, der das zu reszindirende Erkenntniß erlassen hat und suspendirt dessen Exekution. Verfahren wird wie bei den andern devoluten Rechtsmitteln. 1 un. C II, 50.

Drittes Buch.

Exekution.

tit. D: de re judicata et de effectu senten: XLII, 1 Cod VII, 53.

---

§. 148.

Begriff und Voraussetzungen.

Exekution, Hülfsvollstreckung — executio sententiae — ist die legale Verwirklichung des im Urtheil ausgesprochenen Rechts durch Anwendung von Zwangsmitteln. Sie setzt ein rechtskräftiges Erkenntniß voraus, welches immer vorliegt, wenn die Parteien auf die Rechtsmittel verzichtet haben, wenn das Urtheil auf einem zugeschobenen oder nothwendigen Eide oder auf der Contumaz beruht — contumax non appellat l 13 § 3 D XLIX, 1, wenn es in letzter Instanz ergangen ist und wenn kein Theil innerhalb 10 Tagen durch ein zulässiges Rechtsmittel die Rechtmäßigkeit des Urtheils angefochten hat.

§. 149.

Subjekt, Objekt und Direktion der Execution.

Aus dem rechtskräftigen Erkenntniß, als dem Träger der formellen Wahrheit für die Parteien, kann nur die Partei und auch nur gegen die Partei Exekution nachsuchen. Diese erfordert immer ein bestimmtes Objekt, wofür das ältere römische Verfahren dadurch sorgte, daß die Condemnation immer auf eine bestimmte Geldsumme ging (§. 47. 56). Da dieser Gebrauch in das heutige Recht nicht übergegangen ist, so bedarf es jetzt häufig einer Liquidations-Instanz, d. h. eines summarischen Verfahrens vor der Exekutions-Vollstreckung zur Feststellung des Objekts nach Quantität und Qualität — constitutio liquidi.

Zuständig zur Direktion der nur auf Ansuchen der Partei zu gewährenden Hülfsvollstreckung ist derjenige Richter, welcher selbst oder durch einen Substituten das Urtheil gefällt hat l 15 pr D. h. t.

§. 150.

Verfahren.

A. bei den Römern.

Nach den 12 Tafeln ging die Exekution immer gegen die Person des Verurtheilten, da nur diese obligirt wurde und keine Beziehung dieser Obligation auf sein Vermögen Statt fand. Der Verurtheilte hatte zur Zahlung eine Frist von 30 Tagen Gell XX, 1, nach deren Ablauf gegen ihn die manus iniectio zulässig war cf. §. 45. Wenn der Verurtheilte auch jetzt weder zahlte noch einen vindex stellte, so wurde er dem Sieger addizirt, welcher ihn gefesselt ins Gefängniß führen und dort 60 Tage festhalten konnte. Doch mußte er ihn an drei Markttagen — nundinae — vor den Prätor stellen und öffentlich verkünden, was er zu fordern hatte, um zu versuchen, ob ihn Jemand auslösen wollte. Fand sich Niemand, so hörte die Schuldknechtschaft auf und der Gläubiger mußte den Schuldner freilassen oder aus der Zahl der Bürger herausnehmen, d. h. tödten oder trans Tiberim verkaufen. Ein direkter Angriff auf das Vermögen des Gläubigers im Wege der Exekution wurde durch die prätorische missio in possessiouum rei servandae causa vermittelt, tit D quibus ex causis in possessionem eatur XLII, 4, welche dem Gläubiger die Detention der Güter des Schuldners neben diesem selbst verschaffte. Der Gläubiger hatte nun die Wahl zwischen der civilrechtlichen Exekution gegen die Person und der prätorischen gegen das Vermögen. Unter den Kaisern wurde die letztere die allein übliche, wobei ein doppeltes Verfahren vorkam:

1) der Magistrat ließ dem Schuldner so viel abpfänden, als zur Befriedigung des Gläubigers nöthig war — pignus captum — und die abgepfändeten Sachen wurden nach 2 Monaten verkauft 1 31 D. h. t.;
2) bei Klagen auf Restitution oder Exhibition einer Sache konnte das kondemnirende Urtheil manu militari durch direkte Wegnahme der Sache exequirt werden. 1 68 D VI, 1.

§. 151.

B. Heutiges Verfahren.

a) im Allgemeinen.

Das heutige Exekutionsverfahren ist aus römischen, altdeutschen und kanonischen Rechtsnormen gemischt. Der römischen actio judicati bedarf es nicht mehr, sondern der Sieger wendet sich, sobald ein bestimmtes Objekt festgestellt (§. 149) und die Zahlungsfrist abgelaufen ist, an den Richter mit der Bitte, dem Verurtheilten die schuldige Leistung bei Vermeidung einer bestimmten Art der Exekution aufzugeben. Gehorcht der Verurtheilte dem hierauf erlassenen Befehl nicht, so muß der Sieger nochmals mit der Bitte um die wirkliche Hülfsvollstreckung einkommen, die dann vom Richter erkannt wird.

§. 152.

b) Exekutionsmittel.

Diese sind:

1) Wegnahme der Sache, zu deren Herausgabe der Beklagte verurtheilt ist;
2) Angriff auf irgend ein Vermögensstück des Schuldners;
3) Geldstrafen zur Erzwingung der Unterlassung, wozu der Beklagte verurtheilt ist.
4) Nach Gerichtsgebrauch persönlicher Arrest Cap 2 X III, 21.
5) Bürgerliche Gefängnißstrafe l 3 § 6 D XLVIII, 13.
6) Einlegung einer Wache — Presser —.
7) Zwang zum Arbeiten.

Ein allgemeiner Grundsatz schreibt dem Richter vor, mit den dem Verurtheilten am wenigsten drückenden Mitteln den Anfang zu machen l 15, § 10 h. t.

§. 153.

Anwendung dieser Mittel auf die verschiedenen Leistungsobjekte.

1) Lautet die Verurtheilung auf Herausgabe einer bestimmten Sache, so wird bei beweglichen diese dem Verurtheilten durch den Gerichtsdiener abgenommen und dem Sieger zugestellt l 68 D. VI, 1, bei unbeweglichen der Besitzer ermittirt und der Sieger immittirt. Vereitelt der Verurtheilte kulposer Weise dieß Verfahren, so tritt eine litis aestimatio ein, wodurch die Condemnation in eine pekuniäre werwandelt wird (§. 149).
2) Soll eine fungible Sache geleistet werden, so wird mit pignus captum (§. 150 Nr. 1) verfahren. Ist dies nicht anwendbar, wobei der Verurtheilte zum Manifestationseid (Offenbarungseid) über den Bestand seines Vermögens angehalten werden kann, so kann der chirographarische Gläubiger Immission in die Immobilien des Schuldners und Befriedi-

gung aus dem Verkauf derselben nachsuchen l 26 D XIII, 7, Rechte und Forderungen des Verurtheilten sollen bei Großjährigen erst nach den Immobilien, bei Minderjährigen vor diesen angegriffen werden l 5 § 9 D XXVII, 9 l 15 § 7 D h. t.

Ausnahmsweise kann eine Wache beim Schuldner eingelegt (manus militaris) und zuletzt Zwang zum Abarbeiten der Schuld angewandt werden.

3) Soll der Verurtheilte eine Handlung vornehmen oder unterlassen, so wird nach den Umständen eine Caution oder Geldstrafe angewandt l 5 § 6 D VII, 6 l 12 D VIII, 5 l 13 § 1 D h. t. Läßt sich die schuldige Handlung durch Andere verrichten, so wird dieß angeordnet und der Verurtheilte zur Bezahlung der Kosten gezwungen l 13 § 1 D h. t. Ist dieß nicht anwendbar, so kömmt im Falle des dolus des Verurtheilten der Sieger zum juramentum in litem, im Falle der culpa wird das Interesse vom Richter geschätzt (§. 98).

§. 154.

Mittel zur Abwendung oder Hemmung der Exekution.

Hierhin gehören:

1) liquide Einreden, welche die wesentlichen Voraussetzungen der Exekution betreffen oder auf Zahlung gegründet sind.
2) Ansprüche dritter an das Exekutionsobjekt (§. 20).
3) Ausbruch des Conkurses oder Erbieten des Schuldners zur cessio bonorum.
4) Ein vom Schuldner erwirkter Indult (§. 157).

Diese Einwendungen sind in jedem Stadium der Exekution zulässig und der Richter muß darüber erkennen.

Anhang.

Conkursprozeß.

§. 155.

I. Begriff und Geschichte.

Materieller Conkurs ist vorhanden, wenn das Vermögen eines Schuldners zur vollen Befriedigung seiner Gläubiger nicht hinreicht;

formeller, wenn mehrere Gläubiger gleichzeitig aus diesem insuffizienten Vermögen ihre Befriedigung nachsuchen; Konkursprozeß — Gant-, Prioritäts-, Conturbations-Prozeß — processus cridae s. concursus creditorum — ist das Verfahren zur Feststellung der Grundsätze, nach welchen die Befriedigung der verschiedenen Gläubiger geschehen soll. Die Prozeßart ist insofern summarisch, als die Förmlichkeiten des ordentlichen Prozesses möglichst vermieden werden und der Richter von Amtswegen für die schnelle Förderung des Konkursprozesses sorgen soll.

Nach altem römischen Recht konnten mehrere Gläubiger den gemeinschaftlichen Schuldner körperlich theilen — tertiis nundinis partes secanto stand in den 12 Tafeln. — In Folge einer lex Poetelia (Papiria) vom Jahr 428 a. u. traten Milderungen durch missio in bona, proscriptio, venditio bonorum ein. Die proscriptio war eine öffentliche Bekanntmachung des bevorstehenden Verkaufs. 30 Tage nach derselben, wenn der Schuldner lebte, 15 Tage, wenn er todt war, wählten die Gläubiger einen gemeinschaftlichen magister, welcher den Verkauf besorgte. Dieser geschah nach Ablauf einer gleichen Frist an denjenigen, welcher den Gläubigern die beste Aussicht auf Befriedigung gewährte und dadurch ihr Schuldner wurde — bonorum emtor Gai III, 78 79 IV 35 J III, 12.

Eine lex Julia (Caesaris) führte die Cessio bonorum ein, und von da bis Justinian erging eine Masse auf das Konkursverfahren bezüglicher Verordnungen Gai II, 155 tit Cod Theod. qui bonis ex lege Julia cedere possunt IV, 20 l 55 D XXV, 1, l 12 C IV, 1.

Die ältern deutschen Konkursordnungen waren ihrem Wesen nach nur Exekutionsordnungen und das jetzige Konkursverfahren hat sich erst seit dem 17. Jahrhundert ausgebildet.

§. 156.

II. Allgemeine Grundsätze.

Aus dem Hauptzweck des Konkursverfahrens, das Vermögen des Gemeinschuldners so zu vertheilen, daß jeder Gläubiger gegen weitere Ansprüche auf das ihm Angewiesene sicher sei, folgt:

1) daß das ganze Vermögen des Schuldners eine Masse bilden muß;
2) daß sämmtliche Gläubiger ihre Ansprüche gleichzeitig geltend machen müssen;
3) die Verwaltung des Vermögens und die Prüfung, Anerkennung und Befriedigung der Forderungen unter richterlicher Mitwirkung geschehen muß. Dies ist die Universalität des deutschen Konkursprozesses.

§. 157.

III. Verfahren.
A. Vorbereitendes Verfahren.
a) Eröffnung des Confurses.

Die Eröffnung des Verfahrens darf nie Amtswegen geschehen, sondern setzt voraus entweder Erklärung der Insolvenz Seitens des Schuldners selbst oder einen Antrag, sei es des Schuldners, sei es eines oder mehrerer Gläubiger. Im letztern Falle bedarf es einer Untersuchung über die Zulässigkeit, zu welchem Zweck dem Schuldner aufgegeben wird, binnen einer gewissen Frist seine Zahlungsfähigkeit bei Vermeidung der Confurseröffnung nachzuweisen. Wird der Antrag gegründet befunden, so geschieht die Eröffnung durch ein Dekret — decretum de apperiundo concursu — wogegen der Schuldner Rechtsmittel hat.

Während dieser Untersuchung müssen alle Exekutionen eingestellt (sistirt) und Maßregeln getroffen werden, um jede Vermögensverminderung zu verhindern.

Zur Abwendung des Confursverfahrens hat der Schuldner das Mittel des Anstandsbriefs — induciae, literae induciales, moratorium, eiserner Brief, Hüthe, welche beim Regenten nachgesucht wird und auf eine nach den Umständen sich richtende Zeit ertheilt werden kann. Zu motiviren ist das Gesuch dadurch, daß der Schuldner seine Schuldlosigkeit und die Wahrscheinlichkeit nachweist, daß er binnen der erbetenen Frist zahlungsfähig wird, auch muß er wegen der künftig zu leistenden Zahlung Caution stellen. RGO von 1577 XXIII § 4 1 4 C I, 19.

§. 158.

Wirkungen der Confurseröffnung.

Ist das decretum de aperiundo concursu rechtskräftig und kein Moratorium ausgewirkt, so treten folgende Wirkungen ein:

1) der Schuldner — Gemeinschuldner, Gantmann, Cridar — verliert den Besitz seines Vermögens und die Befugniß, irgend eine den Gläubigern nachtheilige Verfügung zu treffen 1 6 § 7 D XLII, 8 1 3. 5. D XLII, 3 1 2 C VII 71;
2) sein ganzes Vermögen geräth unter Administration des Gerichts;
3) Sämmtliche Gläubiger bilden eine Gemeinschaft — corpus creditorum — deren Objekt die Confursmasse ist, 1 12 pr. D XLII, 5, welche von ihnen aktiv und passiv repräsentirt wird. Daher muß das Gericht, welches von nun an für alle diese Masse angehenden Forderungen ausschließlich kom-

petent wird — Attraktionskraft des Conkurses — alle Vermögensstücke des Schuldners konzentriren.

§. 159.

b) Handlungen des Gerichts nach eröffneten Conkurs.

1) Hinsichtlich des Vermögens.

Die nächste Sorge des Gerichts muß auf die Sicherstellung des Vermögens gerichtet sein. Daher werden alle Sachen, die nicht aufbewahrt werden können, versteigert, die übrigen versiegelt oder gehörig bewacht, die Schuldner des Cridars angewiesen, jede Zahlung an diesen einzustellen, ein Inventarium muß aufgenommen, dem Schuldner der Manifestationseid abgenommen und wenigstens provisorisch ein Curator bestellt werden.

2) Hinsichtlich der Gläubiger.

Um eine Uebersicht über den Schuldenstand zu gewinnen, werden die bekannten Gläubiger durch besondere, die unbekannten durch Ediktal- (durch öffentliche Blätter zu bewirkende) Ladungen aufgefordert, in einem peremtorischen Termin (Liquidationstermin) ihre Ansprüche anzuzeigen und zu bescheinigen, widrigenfalls sie von diesem Conkurse ausgeschlossen werden würden. Zugleich wird ein Rechtsverständiger zum Contradiktor — curator litis — bestellt und vereidigt, dessen Funktion hauptsächlich ist, Erklärungen über die Richtigkeit der Ansprüche abzugeben.

§. 160.

c) Eintheilung der Gläubiger.

I. Vindikanten sind diejenigen, welche gewisse Vermögensstücke mit der Vindication oder einer Contraktsklage von dem Cridar zurückfordern. 1 24 § 2 D XLII, 5 1 30 1 V, 12 1 6 C 17, 61.

II. Rein persönliche Gläubiger haben nur Ansprüche an die Person des Cridars.

Diese beide Categorien scheiden aus, weil sie mit der Masse nichts zu thun haben.

III. Eigentliche Massegläubiger heißen die, deren Ansprüche nach eröffneten Conkurse und nicht aus einem Rechtsverhältnisse zum Cridar, sondern zum Gläubigerkorps entstanden sind.

IV. Eigentliche Conkursgläubiger sind die, welche ihre Ansprüche nur durch Theilnahme am Conkurs geltend machen können.

Sie zerfallen in
1) solche, welche sich an die Masse als solche halten müssen.
2) Separatisten, d. h. solche, welche eine Trennung gewisser Stücke der Masse zu ihrer ausschließlichen Befriedigung fordern dürfen.

Hierzu gehören nach römischen Recht:
a) Die Gläubiger eines Erblassers, welche innerhalb fünf Jahren nach dem Erbschaftsantritt ausdrücklich verlangen, daß der Nachlaß zu ihrer Befriedigung von dem Vermögen des Erben getrennt werde. tit D de separat. XLII, 6.
b) Die Gläubiger eines Haussohns wegen des peculii castrensis l 7 D XLIX, 17.
c) Die Gläubiger eines Sklaven, welcher zwei getrennte Handlungen — tabernas — führte. l 5 § 15. 16 D XVI, 4.

Das deutsche Recht fügt die Gläubiger eines Vasallen hinsichts des Lehnsguts hinzu — Eichhorn Einleitung in das deutsche Privatrecht §. 235. — Diese Separation ruft ein besonderesConkursverfahren hervor, an dem nur die Separatisten Theil nehmen. Was nach ihrer Befriedigung übrig bleibt, akkreszirt der Conkursmasse.

§. 161.

d) Liquidationstermin, Bestellung des Curators und Präklusion.

Im Liquidationstermin wird ein Protokoll aufgenommen, welches die sich meldenden Gläubiger unter fortlaufenden Nummern aufführt und worin bei jedem einzelnen dessen Anspruch beschrieben wird. Hierauf versucht der Richter, die Gläubiger zu Stundungen oder Erlaß zu bewegen. Ein Stundungsvertrag setzt Majorität der mit liquiden Forderungen versehenen Gläubiger voraus und kann dadurch auf 5 Jahre zu Stande kommen. Ein Nachlaßvertrag aber findet durch bloße Stimmenmehrheit nicht Statt. Wird kein solcher Vertrag geschlossen, so trägt der Contradiktor auf Präklusion der Gläubiger an, die sich nicht gemeldet haben, und der Curator muß jetzt definitiv gewählt werden.

Curator bonorum — Güterpfleger, ist die nach den allgemeinen Regeln von der Curatel zu behandelnde und durch Stimmehrheit der Gläubiger zu wählende, vom Gericht zu bestätigende Person, welche die Masse zu verwalten hat. Ihre vorzüglichen Funktionen sind:
1) Anfertigung des Inventars.

2) Feststellung der Masse durch Anwendung der gesetzlichen Mittel gegen die Schuldner derselben und gegen Alle, welche ihr etwas vorenthalten oder nachtheilige Handlungen unternommen haben.
3) Verwaltung durch zweckmäßige Nutzung und Verwerthung der Masse.
4) Jährliche Rechnungslegung.

Die Präklusion der Gläubiger, die trotz bescheinigter Aufforderung im Liquidations-Termine ausgeblieben sind, geschieht durch ein Dekret — Präklusivbescheid, welcher öffentlich bekannt gemacht wird und wogegen alle Rechtsmittel zulässig sind.

§. 162.

B. Hauptverfahren.

a) Liquidations- und Prioritätsverfahren.

Das Liquidationsverfahren ist das auf möglichst schnelle Entscheidung der Ansprüche gerichtete Verfahren der Gläubiger gegen den Contradiktor. Sämmtliche Ansprüche werden gleichzeitig, aber in getrennten Akten, in der nämlichen summarischen Prozeßart (wo dieß irgend zulässig ist) verhandelt und die Klage wird durch einen Auszug aus dem Liquidationsprotokoll ersetzt. Die Verhandlungen, wobei sich der Contradiktor wie jeder Beklagter zu geriren hat, können bis zur Duplik fortgeführt werden; stehen die Streitfragen bei jedem einzelnen Liquidat fest, so erfolgt zwar der Aktenschluß, die Entscheidung aber erst im Prioritätserkenntnisse (§. 163).

Das Prioritätsverfahren, welches häufig mit dem Liquidationsverfahren verbunden wird, hat es mit der Stellung der einzelnen Ansprüche gegen einander zu thun, weshalb hier nur die einzelnen Liquidanten in Betracht kommen.

§. 163.

b) Lokationsurtheil.

Gegenstand des Lokations- (Prioritäts-, Collokations-, Classifikations-) Urtheils ist hauptsächlich die Priorität und Liquidität der vorgebrachten Ansprüche. In demselben wird über sämmtliche Liquidationen gleichzeitig und neben einander entschieden und auf diese Weise das Verhältniß jeder einzelnen Lokation zu allen übrigen so bestimmt ausgedrückt, daß es für jedes einzelne Liquidat ein der Lage der Spezialakten, worin dasselbe verhandelt worden ist, entsprechendes vollständiges Urtheil enthält; ein förmliches Beweisinterlokut wird aber nicht abgefaßt, sondern der bei einer Lokation etwa auferlegte bessere Beweis der Liquidität und Priorität wird als Bedingung der Lokation ausgesprochen.

§. 164.

c) Weiteres Verfahren.

Nach Publikation des Lokationsurtheis werden die Verhandlungen über die Liquidität und Priorität fortgesetzt; dahin gehören Verhandlungen über die zur Bedingung gestellte Beweisführung, (§. 163) über die vom Contradiktor oder einem Liquidanten ergriffenen Rechtsmittel, welche sowohl gegen das Prioritätsurtheil als gegen das zweite nach beendigter Beweisführung in den Spezialakten ergangene Urtheil gerichtet sein können. Ist das Verfahren bei allen Liquidationen beendigt, so wird der Contradiktor seines Amtes entlassen.

§. 165.

d) Distributionsbescheid.

Aus ökonomischen Gründen, z. B. zur Ersparung der Administrationskosten, geschieht häufig schon nach dem Präklusionsbescheide eine theilweise Auszahlung. Die eigentliche Vertheilung der Masse aber erfolgt erst nach rechtskräftig feststehender Liquidität und Priorität aller Ansprüche und definitiver Berichtigung der Masse. Alsdann ergeht der Distributionsbescheid über den Bestand der Masse und diejenigen Gläubiger, welche nach Anleitung des Lokationsurtheils zu befriedigen sind, unter Ansetzung eines Termins zur Auszahlung.

Inhalt.

Einleitung.

Begriff und Quellen des gemeinen deutschen Civilprozesses.

Allgemeiner Theil.

Gerichtsverfassung, allgemeine Bestandtheile und Grundsätze des Verfahrens in Civilsachen.

Erster Abschnitt.

Römische Gerichtsverfassung.

A. Aeltere bis Diokletian.

Zweiter Abschnitt.

Aeltere geistliche und deutsche Verfassung.

Dritter Abschnitt.

Heutige deutsche Gerichtsverfassung.

A. Gerichtsbarkeit.

B. Gerichtsorganisation.

C. Forum.

Vierter Abschrift.

Von den Parteien, Assistenten und Vertretern.

A. Hauptpersonen.

B. Nebenpersonen,

Fünfter Abschnitt.

Prozessualische Thätigkeit des Gerichts und der Parteien im Allgemeinen.

B. Handlungen der Parteien.

I. Klagen.

Besonderer Theil.

Das Prozeßverfahren.

Einleitung.

Erstes Buch.

Heutiges Verfahren in erster Instanz.

Erster Abschnitt.

Verfahren im ordentlichen Prozesse.

Erstes Kapitel.

Das erste Verfahren.

Zweites Kapitel.

Beweisverfahren.

Zweiter Abschnitt.

Vom Verfahren im summarischen Prozesse.

Erstes Kapitel.

Unbestimmter summarischer Prozeß.

Zweites Kapitel.

Bestimmte summarische Prozesse.

Zweites Buch.

Verfahren in den höheren Instanzen oder von den Rechtsmitteln.

Erster Abschnitt.

Von den eigentlichen Rechtsmitteln.

Zweiter Abschnitt.

Die einzelnen Rechtsmittel.

Erstes Kapitel.

Appellation.

I. Geschichtliche Einleitung.

Zweites Kapitel.

Drittes Kapitel.

Nichtigkeitsbeschwerden.

Viertes Kapitel.

Restitutio in integum.

Drittes Buch.

Exekution.

Anhang.

Conkursprozeß.

Druck von W. Pormetter in Berlin, Kommandantenstr. 7.

FSC
www.fsc.org
MIX
Papier | Fördert gute Waldnutzung
FSC® C083411

Kolibri 360 GmbH
Ferdinand-Jühlke-Straße 7
99095 Erfurt, Deutschland
produktsicherheit@kolibri360.de